财务管理与互联网金融审计研究

黄　珂　左秀娟　李珏莹　著

中国商业出版社

图书在版编目（CIP）数据

财务管理与互联网金融审计研究 / 黄珂，左秀娟，李珏莹著 . -- 北京：中国商业出版社，2023.10
ISBN 978-7-5208-2689-1

Ⅰ. ①财… Ⅱ. ①黄… ②左… ③李… Ⅲ. ①财务管理—研究②互联网络—应用—金融审计—研究 Ⅳ. ① F275 ② F239.65-39

中国国家版本馆 CIP 数据核字（2023）第 199910 号

责任编辑：滕　耘

中国商业出版社出版发行
（www.zgsycb.com　100053　北京广安门内报国寺 1 号）
总编室：010-63180647　编辑室：010-83118925
发行部：010-83120835/8286
新华书店经销
济南圣德宝印业有限公司印刷

*

710 毫米 ×1000 毫米　16 开　7 印张　110 千字
2023 年 10 月第 1 版　2023 年 10 月第 1 次印刷

定价：60.00 元

****

（如有印装质量问题可更换）

Preface
前言

  财务管理是对企业经营过程中的财务活动进行的一种管理活动。企业财务管理贯穿企业经营的全过程，覆盖企业经营的各个方位，处于企业管理的中心地位。企业管理以财务管理为中心是新的经济形势的产物，是社会经济发展的客观必然结果。从国家对企业高度集中管理到财务管理成为企业管理中心，经历了一个漫长过程。我们从财务管理地位的变迁过程中不难看出它与社会经济环境的关系。

  审计是指由专设的机构依照法律对国家各级政府及金融机构、企业事业组织的重大项目和财务收支进行事前与事后的审查的独立性经济监督活动。现代金融审计面临着更复杂的审计环境和更多元化的挑战，它已不再仅仅局限于对政府财政收支、金融行业和金融机构的资产负债损失进行审计监督，而是随着时代的发展、信息技术的创新和审计环境的变化，不断拓展和深化其审计内涵、职能与审计范围。在"互联网＋"时代，互联网金融应运而生。为了保护人民群众的利益、规范互联网金融行业，国家指出要加强互联网金融监管，而互联网金融审计具有对互联网金融再监督的性质，不仅审计金融机构的财务收支、业务经营等活动，还会对互联网金融管理部门履行监管职责的情况进行监督，在实际应用中具有重要意义。鉴于此，我们撰写了《财务管理与互联网金融审计研究》一书。

  本书共有四章，第一章是财务管理概述，分别从财务管理的内涵及其在企业中的作用、财务管理的相关理论及管理对策研究、网络环境下的财务管理研究三个方面进行论述；第二章是互联网金融审计的内涵及审计要素分析，分别从互联网金融审计实施的必要性和可行性、互联网金融审计的内涵与特征、互联网金融审计要素分析三个方面进行论述；第三章是财务管理与互联网金融审计的信息化发展，分别从信息技术对财务管理的影响、财务信息化与企业财务管理、财务管理信息系统的建设、互联网金融审计信息系统构建思路以及互联网金融审计信息系统及其设计五个方面进行论述；第四章是互联网金融审计的应用技术、实施与审计风险，分别从互联网金融审计的应用技术与实施、互联网金融审计风险与审计模式分析两个方面进行论述。

本书在写作过程中汇集了我们辛勤研究的成果，虽然在理论性和综合性方面下了很大的功夫，但由于我们知识水平和文字表达能力的限制，在专业性与可操作性上还存在着较多不足。对此，希望广大读者批评指正，提出宝贵意见，我们当尽力完善。

作　者

2023 年 6 月

Contents
目录 ————————————————————

第一章

财务管理概述

第一节 财务管理的内涵及其在企业中的作用

一、财务管理的内涵

要界定财务管理的内涵，便要区分财务理论和财务管理活动。对此，首先要了解财务管理的发展阶段，然后研究财务理论的演进，最后才能准确界定财务管理的内涵。

（一）财务管理的发展阶段

财务管理活动是企业管理活动的一个重要组成部分，它是对资金筹集、控制和投放的一项管理活动。企业财务管理是遵守国家法律制度，根据资金运动的规律，对企业生产经营过程中资金的形成、使用和分配进行预测、计划、控制、核实与分析，提升资金运用效果，实现资本保值增值的管理工作。国际上直到20世纪50年代才形成比较规范的现代财务理论，但是财务管理与会计活动一样具有悠久的历史。早在15世纪末16世纪初，地中海沿岸的许多城市，合理预测并有效筹集资本的企业财务管理就开始萌芽。但是财务管理作为独立的职业是在进入20世纪以后才出现的。20世纪，财务管理经历了多次飞跃性的变化，大致可以划分为以下五个阶段。

1. 筹资管理理财阶段

筹资管理理财阶段也可称为传统财务管理阶段。这一阶段财务管理的主要职能是用来预测企业资金的需求量并筹集资金来满足企业的需求。20 世纪初,由于一些西方国家经济的快速繁荣和股份制企业的快速发展,企业在运营中面临着筹集资金以满足扩大再生产的现实问题。这时,市场竞争并不是很激烈,企业只要筹集到需要的资金,一般都能取得较好的收益,因此各国的经济也得到了迅速发展。然而,由于当时金融机构不是十分发达,资本市场也不够成熟,因此如何筹措满足企业发展所需要的资金就成了财务管理的主要问题。这一阶段多集中于筹资理论和筹资方法的研究,为现代财务管理理论的产生和发展奠定了坚实的基础。

2. 资产管理理财阶段

资产管理理财阶段又可称为内部控制财务管理阶段。筹资管理理财阶段的财务管理往往更注重研究筹集资本,而忽视了企业内部控制和资金的周转管理。第二次世界大战以后,随着科技的进步、经济的发展和市场竞争的日益加剧,从事企业管理的人员和从事财务管理的人员意识到,在日益激烈的市场竞争中,企业要得以生存和发展,财务管理不能局限于筹集资金,更重要的是管好、用好资金,提高资金的周转效率,同时,更有效的内部控制对于防范企业风险也非常重要。因此,这一阶段的财务管理人员高度关注资产负债表中的流动性较强的科目,比如现金、应收账款、存货等科目。这一阶段,企业内部决策系统中的财务决策被认为是财务管理最核心的问题,资金筹集的事项开始退居二线。各种各样的决策和计量模型被应用于存货、应收账款等项目,财务计划、分析、决策和控制得到了广泛的应用。

3. 投资管理理财阶段

20 世纪 60 年代中期以后开始进入投资管理理财阶段。随着经济的发展,市场竞争更加激烈,企业运营中的资金运营和管理日趋复杂,企业的投资风险也在不断加大,企业加大了对投资管理的重视。投资管理理财阶段的特征主要体现在四点:一是关注投资决策程序的合理性,二是建立了投资决策的指标体系,三是更加关注投资决策方法的科学性，四是创立了资本资产定价模型和投资组合理论。

4. 通货膨胀理财阶段

20 世纪 70 年代末至 80 年代初，西方国家出现了严重的通货膨胀。在持续的通货膨胀下，企业的财务管理出现了很多问题。如何在通货膨胀条件下进行有效的财务管理成了这一时期的主要矛盾。因为企业为应对通货膨胀，资金需求不断扩张，资金成本不断提升，货币不断贬值。同时，财务核算导致利润虚增，成本虚降，企业账面实现许多利润，但是却遇到了资金周转困难。因此，西方国家在财务管理方面提出了很多应对通货膨胀的方法，根据通货膨胀的状况，相应调整了企业的筹资、投资、资金运营、股利分配等政策。

5. 国际经营理财阶段

20 世纪 80 年代至今，由于通信和交通等技术的快速发展，市场竞争变得白热化，跨国经营业务发展很快，跨国企业的财务管理显得越来越重要。由于跨国企业位于不同的国家，处于不同的制度、不同的经济环境下，财务管理的决策会遇到很多特殊的事项，比如外汇风险、国际投资环境评价、跨国融资、跨国资本流动、跨国资本预算、内部转移价格等问题。因此，这一阶段国际财务管理的理论和方法得到迅速发展，并在财务管理实务中得到广泛应用，把财务管理工作的发展进程推向新的高潮。

（二）财务理论的发展演进

财务理论主要涉及五大基础理论：一是由法玛提出的有效市场假说（Efficient Mark Hypothesis，EMH）；二是由马尔科维茨提出的均值—方差投资组合理论；三是由马尔科维茨的学生夏普等人延伸研究的资本资产定价模型（Capital Asset Pricing Model，CAMP）；四是由布莱克和斯科尔斯提出的期权定价理论（Option Pricing Theory，OPT），该理论可以拓展到整个衍生证券定价领域；五是由米勒和莫迪格莱尼提出的资本结构理论（Capital Structure Theory，CST）。现代财务理论就是在这五个基本理论上衍生发展起来的。

财务管理理论研究是围绕资金运动规律展开的，其核心是定价理论。例如，对有效市场假说的理论和实证研究发展成为对金融市场本身的研究，对均值—方差投资组合理论的完善发展成为对消费者的"消费—投资决策"这一重要问题的研究，对资本资产定价模型的完善和发展成为对基础资产定价问题的研究，期权定价理论则带动了整个衍生金融工具定价问题的研究。由此可见，定价理论是财务理论的核心，其本质是计量问题。下面分为 20 世纪 50 年代、60 年代、70 年代、80 年代至今四个阶段来分析与研究西方财务理论研究的进程。

1.20 世纪 50 年代——建立财务理论基础

在这一阶段，马尔科维茨针对金融市场的不确定性提出了均值—方差投资组合理论。该理论的要点是投资者依据分析投资的平均值和变动方差，来进行有效的投资组合，从而避免投资带来的风险，以获取尽可能高的投资报酬。该理论为后来的投资组合理论发展以及基于均值—方差分析的资产定价问题提供了研究方法。

2.20 世纪 60 年代——财务理论研究取得两大进展

在这一阶段，财务理论研究取得了两大进展。第一个进展是赫舒拉发在阿罗—德布鲁理论的基础上进行了扩展，并将其应用到财务实践中。他将阿罗—德布鲁理论与套利理论联系在一起进行研究，从而证明了资本结构无关论与阿罗—德布鲁理论之间存在一定的依赖关系。第二个进展是由夏普、林特纳和莫森三人将均值—方差分析推广到了竞争的经济环境中去，通过研究市场对资产定价的内在机理和投资者的总体行为，提出了资本资产定价模型。该模型指出由于市场出清的作用，投资者会选择一个无风险资产和有风险资产的线性组合来降低风险。因此，任何一个风险资产的期望收益率都是无风险收益率加上这种资产的风险报酬率乘以风险价格。资本资产定价模型提供了一种与组合资产理论相一致的有关个别资产的风险量度。这种模型使人们能够估计单项资产的不可分散风险，并把它与分散资产良好的组合资产的不可分散风险比较，第一次建立了可以使用经济计量学的方法来检验资产收益模型的理论研究。

3.20 世纪 70 年代——形成现代财务理论架构

20 世纪 70 年代是现代财务理论架构形成的主要时期。法玛、布莱克和斯科尔斯相继提出了有效市场假说和期权定价理论，标志着现代财务理论构架的完成。法玛于 20 世纪 70 年代首次系统阐述了有效市场概念，布莱克和斯科尔斯以资本资产定价模型为基础，利用套利定价机制得出了布莱克—斯科尔斯（Black-Scholes，BS）模型这一股票期权的计算公式。他们在一系列建立的合理的假设条件下，证明了股票市场价格、期权期限、期权执行价格、无风险利率、股票收益率的方差等因素决定了股票期权的价格。此外，默顿对 BS 模型的完成提出了很多假设性的意见并在此基础上进行了多方面的拓展。拉德纳和哈特、格罗斯曼以及罗斯分别在澄清不完全市场特征、信息不对称应用于财务理论研究和套利定价理论等方面作出了重要贡献。

4.20 世纪 80 年代至今——扩展现代财务理论

20 世纪 80 年代至今是现代财务理论扩展的主要时期。在这一阶段，西方财务理论的研究主要体现在对阿罗—德布鲁的一般均衡理论框架的基础之上的进一步延伸，各种财务理论得到了进一步的统一和扩展。

二、财务管理的内容和职能

传统的企业财务管理主要阐述投资决策、融资决策和资产管理决策方面的问题。财务管理主要包括对企业发展有重大影响的财务活动和财务关系，以及一些与财务密切相关但具有多重属性的企业活动的财务指导思想和原则。

西方财务管理学家很少直接界定企业财务管理的内涵，但可以从一些在西方具有广泛影响的财务管理教材中了解国外对于企业财务管理的基本内容和职能的观点。具体包括以下几种：第一，范霍恩（Van Horns）在《财务管理与政策》中提到财务管理的内容包括投资决策、筹资决策、流动资产管理、企业合并与重整等方面，同时提到了财务管理的职能包括财务分析、决策与控制等；第二，布里格姆（Brigham）在《中级财务管理》中同样提到财务管理的内容包括投资决策、筹资决策、流动资产管理、企业合并与重整、企业风险管理等，提出财务管理的职能包括财务计划和预算、财务分析等；第三，韦斯顿（Weston）在《管理财务学》中提出财务管理的基本职能是财务分析、计划、决策与控制，同时指出财务管理的内容包括投资管理、筹资管理、营运资本管理、企业合并、改组和破产等；第四，罗斯（Ross）在《财务管理基础》中指出财务管理职能包括财务分析和计划，财务管理内容包括投资管理、筹资管理、流动资产管理、风险管理、兼并与收购等。

综上所述，西方财务管理学家关于财务管理内容和职能的观点大同小异，基本一致，主要是以筹资、投资和资金日常管理为核心内容，以财务计划、财务分析和财务预测为手段，以一些专题性管理（如破产、兼并、收购、改组）为补充的内容体系。我国早期的财务管理学者对财务管理的本质和内容的理解也并不完全一致，但随着时代的进步和认识的加深，人们对于财务管理概念的界定逐步趋于一致。大多数学者认为，企业财务的本质是企业资金的收支及其体现的经济利益关系，这种资金的收支就是企业的财务活动，这种经济利益关系就是财务关系。财务管理就是企业组织财务活动、处理财务关系的一项经济管理工作。

三、财务管理的原则

财务管理的原则是企业组织财务活动、处理财务关系的准则，它是从企业财务管理的实践经验中概括出来的，体现理财活动规律性的行为规范，是对财务管理的基本要求。财务管理的原则主要有以下几个。

（一）合理配置资金原则

资金是企业的"血液"，是企业赖以存在和发展的基础，资金充裕，企业不仅可以及时地偿还债务、支付职工的薪酬，还可以满足企业的日常生产需求和对外扩张需要。反之，资金短缺，轻则影响到企业的正常生产经营，重则危及企业的生存与发展。企业财务管理是对企业全部资金的管理，而资金运用的结果则形成企业各种各样的物质资源。各种物质资源总是要有一定的比例关系的，要努力形成资金合理配置。所谓资金合理配置，就是要通过资金活动的组织和调节，来保证各项物质资源具有最优的结构比例关系。

（二）积极平衡收支原则

在财务管理中，不仅要保持各种资金存量的协调平衡，而且要经常关注资金流量的动态协调平衡。而这种收支协调平衡，要求资金收支不仅在一定期间总量上求得平衡，也要在每一个时点上协调平衡。资金收支在每一时点上的平衡性，是资金循环过程得以周而复始进行的条件。资金收支的平衡，归根结底取决于产销活动的平衡。企业既要搞好生产过程的组织管理工作，又要抓好生产资料的采购和产品的销售工作，要购、产、销一起抓，克服片面性。只有坚持生产和流通的统一，使企业的购、产、销三个环节互相衔接、保持平衡，企业资金的周转才能正常进行，并取得应有的经济效益。

（三）成本效益原则

成本效益原则是指以尽可能少的耗费和支出，对经济活动中的所费与所得进行分析比较，对经济行为的得失进行衡量，使成本与收益得到最优的结合，以求获取最多的盈利。在企业财务管理中，既要关心资金的存量和流量，更要关心资金的增量。企业资金的增量即资金的增值额，是由营业利润或投资收益形成的。

（四）均衡收益风险原则

在激烈的市场竞争中，企业开展财务活动便不可避免地要遇到风险。财务活动中的风险是指获得预期财务成果的不确定性。企业要想获得收益，就不能回避风险，可以说风险中包含收益，挑战中存在机遇。企业进行财务管理不能只顾追求收益，不考虑发生损失的可能。收益风险均衡原则要求企业对每一项财务活动，全面分析其收益性和安全性，按照收益和风险适当均衡的要求来决定采取何种行动方案，在实践中趋利避害，提高收益。

（五）统一领导和分级管理原则

统一领导和分级管理原则是处理上下级之间关系的一条重要原则，它要求每个职务都要有人负责，每个人都知道他的直接领导是谁、下级是谁。在规模较大的集团企业中，对财务活动必须实行分级分权管理。分级分权管理，就是在企业总部统一领导的前提下，合理安排各级单位和各职能部门的权责关系，充分调动各级各部门的积极性。统一领导下的分级分权管理，是民主集中制在财务管理中的具体运用。

（六）协调利益关系原则

资金收支的平衡归根结底取决于产销活动的平衡。企业财务管理要组织资金的活动，因而同各方面的经济利益有非常密切的联系。实行利益关系协调原则，就是在财务管理中利用经济手段协调国家、投资者、债权人、购销客户、经营者、劳动者、企业内部各部门和各单位的经济利益关系，维护有关各方的合法权益。有关各方利益关系的协调，是理财目标顺利实现的必不可少的条件。

四、财务管理的总体目标

财务管理的总体目标是指整个企业财务管理所要达到的目标，决定着整个财务管理过程的发展方向，是企业财务活动的出发点和归宿。我国财务管理的理论界与实务界积极探讨了能具体应用的理财目标，提出了许多不同的观点，归纳起来有以下三类。

第一类目标是利润最大化。利润最大化理财目标曾是流传甚广的一种观点，在实务界有重大的影响。具体来说又可表示为利润总额最大化。一般所讲的利润最大化，就是指反映在企业"利润表"中的税后利润总额的最大化，在提法上并不特别标明"总额"二字。我国企业在高度集中的计划经济体制下，曾经在事实上以"产值最大化"作为理财目标。在向社会主义市场经济体制过渡的过程中，企业逐步有了财务管理的自主权，企业必然要关心市场、关心利润。国家也曾把利润作为考核企业经营情况的首要指标，把职工的经济利益同企业利润的多少挂起钩来，这也使得利润成为企业运行的主要目标。

第二类目标是股东财富最大化。股东财富最大化是指通过财务上的合理运营，为股东带来最多的财富。在股份公司中，股东财富由其所拥有的股票数量和股票市场价格两个方面来构成。在股票数量一定时，股票的市场价格达到最高，股东的财富也就最大。

第三类目标是企业价值最大化。企业价值通俗地说是企业本身值多少钱，在对企业评价时，着重的不是企业已经获得的利润水平，而是企业潜在的获利能力。可见，所谓"企业价值"，应是相当于企业"资产负债表"左方的资产的价值；而所谓"股东财富"，应是相当于企业"资产负债表"右方的所有者权益的价值。

五、财务管理在企业管理中的作用

财务管理渗透于企业经营管理的全过程，运用经济分析方法，起着预测、核算控制、指导修正的重要作用。传统的财务管理只是对采购、存货、销售、利税等项目做记账式的简单财务管理，反映企业资金收支情况，并且往往是在管理完成后进行。财务管理在企业管理中的作用具体体现在以下三个方面。

（一）实现企业价值最大化

财务管理在企业管理中的作用之一是实现企业价值最大化，这也是其最重要的作用。随着社会经济的发展，企业规模不断扩大，传统方式的财务管理已不能适应了。企业管理的主要目标是实现企业价值最大化，那么企业在不同时期所制定的政策与措施，都应围绕这个目标来进行。而要达到这一目标，财务管理部门必须与其他各个部门协调配合，相互支持。企业的日常管理主要是对再生产过程的管理。企业再生产过程是由生产、分配、交换和消费四个环节组成的。在这四个环节中，财务管理处于分配的环节和地位，主要体现在以下三个方面：一是通过货币资金投入再生产，形成生产要素的分配，为企业进行生产和流通建立必要的条件；二是对商品进入流通领域交换取得的货币资金进行分配，补偿各种资金的耗费；三是对销售收入的盈利部分进行初次分配，为企业的后续发展准备发展基金，向国家上缴税金。

（二）合理安排资金使用

财务管理的作用之二是在企业经营管理过程中实行资金计划管理，合理安排资金的使用。企业的经营管理活动对财务管理活动起决定和主导作用。生产经营活动与财务管理活动的相互关系，形成业务经营与财务管理的关系。财务管理在企业管理中处于理财的重要地位，决定了经商必须理财，必须处理好二者之间的关系。在企业管理各职能子系统中，财务管理最具有综合性的功能。资金是财务管理的基础，也是企业经营活动的"血液"。因此可以说，财务管理是企业管理的基础。企业根据年度预算工作量编制年度总体资金使用计划，并根据其生产特点及各月生产计划，安排月度资金使用，有效地控制和使用资金，将有限的资金最大限度地利用起来。实行资金计划管理，也要求财务部门及时做好银行存款日记账和现金日记账的日清月结，及时清理未达账款，做好外单位往来账目和应收账款的清理工作，确保及时收回应收款，明确企业资金使用情况，当好管理者的参谋和企业管家。

（三）进行内部挖潜、成本控制与增产节支

财务管理的重要作用之三是为企业进行内部挖潜，对企业的各项工作进行成本控制与增产节支。在市场经济条件下，企业的产品能否进入市场，在市场竞争中能否取胜，是否具有较高的获利能力，产品成本的高低是一个很重要的因素。所以，企业在采购进货、加工生产、产品设计、工艺编制、质量控制、销售收入等各个环节，都要财务管理介入，运用成本核算和价值工程对每个环节，乃至整个过程进行经济分析，正确处理产品成本、产品功能和产品价值三者的关系，提高企业经营全过程的投入产出比，达到企业的盈利目的。

第二节 财务管理的相关理论及管理对策研究

一、公共财务管理理论及对策研究

（一）公共财务管理的相关理论基础

1. 公共经济学相关理论

公共经济学是一门关于公共部门经济活动的科学。或者说，公共经济学的研究对象是公共部门经济活动的规律性。

（1）市场机制的失灵。经济学的核心问题是社会资源的有效配置。经济学家一般用"帕累托效率"来评价资源配置的效率。如果我们面对的是一个价格信号具有充分灵活性和伸缩性的完全竞争的市场，那么充分竞争的市场机制可以通过供求双方的自发调节，使资源配置达到最佳状态。然而，完全竞争的市场机制毕竟只是理论上的理想状态。在现实经济生活中，它的五个条件不可能同时完全具备。只要缺少其中任何一个条件，市场机制在实现资源配置的效率方面就有可能出现运转失灵。

（2）政府的经济活动范围。这些失灵的方面都与一个共同的领域有关——社会公共需要。所谓社会公共需要，是相对于私人个别需要而言的，是所有社会成员作为一个整体共同提出的需要。社会公共需要是不可或缺的、必须满足的需要。既然市场机制在满足社会公共需要上是无效的，那么就有必要启动另外一个非市场运作系统——政府的经济活动，担负满足社会公共需要的任务。以社会公共需要为标尺，政府经济活动的范围就不难界定"市场机制发生失灵"的领域，也就是需要政府部门发挥作用的范围。

（3）公共选择理论。公共经济学的一条重要线索便是公共选择理论。公共选择可以定义为非市场决策的经济学研究，其特点是将经济交易和政治决策这两种人类行为的基本方面纳入单一的私人利益分析模式，运用经济学的方法解释个人偏好与政府公共选择之间的关系，研究作为投票者的消费者如何通过投票机制对社会公共需要的决定表达意愿。

2.公共财政学的相关理论

公共财政起源于资本主义市场经济，是建立在市场经济的基础上的一种财政类型。随着社会的发展，财政理论得到进一步的发展和丰富，从理论上阐述了国家干预经济的必要性，国家干预经济的主要手段就是财政政策。这一理论被认为是公共财政的思想基础和理论发端。

（1）公共财政的职能范畴。公共财政理论认为，由于市场机制在许多领域失效，政府的介入和干预就有了必要性与合理性的依据。政府的职能主要是克服市场失效问题，而公共财政则是支持政府行使这些职能的主要手段，而且其他手段的运作也都需要政府财政的支持。所以，在以市场机制为资源配置主要方式的经济社会中，公共财政的职能范围是以"市场失灵"为标准，从纠正和克服市场失灵现象出发加以界定的。由于公共物品或服务、外部效应以及不完全竞争状态的存在，决定着公共财政履行资源配置的职能；由于收入分配不公平现象的存在，决定了公共财政履行调节分配的职能；由于市场经济不可能自动、平稳地向前发展，又决定了公共财政履行稳定和发展经济的职能。

（2）公共预算管理与公共财政理论。由于财政资源的稀缺性，公共预算就成为资源配置的一种机制。公共预算是政府公共部门的公共收支计划，它是反映政府公共部门活动的一面镜子，是有关政府公共部门活动的详细计划和记录。公共财政的存在形式就是公共预算。市场经济是法治经济，它决定了公共财政的法治性。公共财政的法治性是直接通过公共预算体现出来的。法治化的公共预算可以从财力上约束政府行为，避免政府对市场不应有的干预，形成正常的政府与市场关系。公共预算是国家管理社会经济事务和政府实施宏观调控的主要手段之一，在整个公共财政体制中居于十分重要的地位。因此，国家运用法律手段规范政府公共部门预算行为是完善市场经济体制和确立完备的公共财政框架体系的内在需求。

3. 公共管理学相关理论

公共管理是保障和增进社会公共利益的职能活动，是指以政府为代表的公共部门依法通过对社会公共事务的管理。公共管理活动的主体是以公共利益为出发点和归宿的公共部门。公共管理的对象即公共事务体现了社会成员的整体利益，并表现在现实生活的各个方面——从国防、治安，到科学、教育、卫生和环境保护等，因而受到社会成员的广泛关注。此外，公共管理强调价值的调和，不仅重视经济、效率和效能，而且重视公平、正义和民主。公共管理在主张弹性、自主管理、授予权能的同时，强调责任的重要性，并认为只有建立客观、有效的绩效测量指标，政府的责任才能落实。

（1）从传统的公共行政到新公共管理。公共行政时期也可称传统的公共管理时期。在西方，公共行政学大体经历了早期传统的公共行政学和新公共行政学两大阶段。传统的公共行政学发端于19世纪末20世纪初，它以政府组织结构或行政体系作为主要研究对象，坚持行政与政治二分论，只强调行政本身的原理性研究，忽视政治过程或政策过程的作用。传统的公共行政学采取"效率至上"主义，通过"行政与政治二分法"来排除政治对效率的干扰，通过行政组织的理性化管理实现效率。传统的公共行政学强调以"效率"为核心，忽略了对"公平"的考虑。面对公平的缺失，流行于20世纪60年代后期和70年代的新公共行政学提出了公平问题，要求在效率目标中增加公平函数。新公共行政学抛弃了政治与行政二分论，开始重视政府管理中的政策问题研究，由仅仅以效率研究为核心转向更关注公平、责任和伦理等行政民主性价值取向的研究。公共管理学是20世纪70年代末期以来在新公共行政学的基础上形成的，它通过对传统模式的突破和制度创新，实现公平前提下的效率改进。人们之所以将公共管理称为一个学科，以区别于公共行政学，是因为有一个称为"新公共管理"的思潮和相应的实践。而且迄今为止，公共管理的学科理论在总体上就表现为"新公共管理"的理论。

（2）新公共管理理论。新公共管理理论一般是指20世纪70年代末以来在英美等国家出现的关于行政改革的理论和实践模式，主要是来自公共选择理论、新制度经济学和政治学理论的一些关于行政改革的理论设想，以及对近些年来经济合作与发展组织的一些理论概括。从财务管理的角度来看，新公共管理的基本思路是：引进市场竞争机制和私营部门成功的管理经验与手段，全面降低管理成本，提高管理效益。一方面，新公共管理侧重于政府和公共组织的内部结构、公共服务的供给方式的根本性改变，而其最终目标则是要减小政府规模、压缩政府活动空间、创新服务供给方法，以更低的费用、更高的效率实现公共目标；另一方面，其价值观预设、理论基础和方法来源与公共行政范式完全不同，它不是要补充和修缮公共行政范式，而是要彻底扬弃公共行政范式，实现范式革命而不是改良范式革命。

（3）新公共管理与公共财务管理。新公共管理主张市场竞争机制的介入以及对企业成功管理经验与技术方法的引进，"管理"一词就是借鉴私营部门而在公共部门使用的。新公共管理要求对政府公共部门财务管理体系进行改革，以满足评价政府业绩的需要。在很大程度上，财务管理的变化是由公共管理的改善而导致的；而在有些场合中，又是由于财务管理上的变化促进公共管理的变化。公共管理与公共财务管理是相互作用、相互影响的。综上所述，公共管理本质上是公共行政理论及实践发展的结果，是指政府公共部门、非营利性的部门及其他社会组织，以构建社会公共秩序、维持社会稳定、实现社会职能、保护公共利益等为目标而制定或者落实的各项活动，包括制定公共政策、落实公共事务、为社会服务等，其实现上述目标的方式也十分丰富，包括利用法律方式、经济干预等。而公共财务管理的作用在于：公共部门进行各项活动，促进政策落实到位，且尽量减少成本投入，来落实公共政策，充分发挥出资金的效益。但是由于各种因素的影响，政府对该类型的机构及社会公共组织在财政方面的支持较为有限，该类政府机构或者社会公共组织在出现资金不足的问题后，也不能与一般的单位或者企业一样，任意筹集部门或者机构的收入。该方面也是其与一般企业或者单位所进行财务管理活动的本质区别之一。

4.公共财务管理的主要特点

（1）公平性。公共组织的主要作用就是其受到公众的委托，充分使用公共资源，为社会实施公共服务。一般企业的效益及各项情况均可以利润、效益等量化的标准进行评价，但是公共部门或者社会组织基本功能的落实情况没有硬性的指标来评估，而公共组织财务管理则可以结合各项数据及情况进行数值模拟预算，来开展各项事务，包括组织、指导公共事务及其活动。其中，公共组织财务管理的主要内容包括编制预算、落实到位、监督检查、考核等，预算的编制是各项管理工作的基础，包括资产管理、收入及费用管理、绩效考核。管理的目标能够集中表现出该类活动效率优先兼顾公平的原则。虽然各个公共部门并没有像一般企业单位将经济效益作为核心目标，有着强烈的经济目的，但是公共组织进行的活动是实现其基本的社会职能，其经济效益的要求在于尽量降低活动成本，提高资金的利用率；在社会效益方面，需要带给社会优质的服务，树立良好的形象，保持公平性原则。

（2）丰富性。公共财务管理的另一个主要特点就是管理方式的丰富性。现代社会中的各类企业一般是将经济效益作为目标，提升整体的竞争实力，保障企业在激烈的竞争中占有一席之地，其一般采用经济方面的管理方式。但是公共部门的性质不同于一般的企业，其在财务管理的目标方面不仅需要降低成本，还需要达到良好的社会效益，因此，可以采用各种管理方式，达到以上目标，包括利用行政手段、行使公共权力、引进市场机制，对于经济形势进行适当调节、经济干预，如政府采购物资时的招标等，具有较为明显的灵活丰富性。

（二）我国实施公共财务管理的对策建议

1. 建章立制

建章立制是公共财务管理的制度保证。市场经济是法治经济，没有法律和规章制度的强制约束，财务活动的主观随意性就难以避免。所以，我国要实行有效的公共财务管理，就必须建章立制。建立健全必要的法规制度，完善监督机制，是做好公共财务管理工作的重要制度保证。目前，应尽快建立健全一体化的公共财务制度，不仅要有健全的、以绩效导向的公共预算制度，还要有健全的、科学规范的公共收入、公共支出、政府成本、公共投资、公共财产、公共资金、公共债务管理制度和绩效考核制度，而且这些制度之间应当严密地相互衔接，从而形成公共财务制度链，避免由于政出多门而相互矛盾。

2. 合理分配公共财权

为了实现合理分配公共财权，具体要做到三点。第一点，要深化部门预算、国库集中收付、政府采购、收支两条线的改革和财政管理体制改革，建立起新型的预算管理机制，规范财权运行。第二点，要厘清中央与地方的关系，根据社会主义市场经济条件下各级政府履行职能（事权）的客观需要，按照财权与事权相统一的原则，对其应有的财权加以明确界定，做到财权与事权相匹配。国家应该按照公共产品和服务的层次性与受益范围，合理划分各级政府的支出责任和范围。第三点，规范财权，统一财力。国家应把一切收支管理权限都归属于政府财政部门集中统一管理，由预算统筹管理，而不是分散多头管理。

3. 引入先进的管理技术

可以借鉴企业的成功经验，将先进的管理技术引入公共财务管理中，以规范我国的公共财务管理。由于政府部门、单位的非营利性，其借鉴企业成功经验的目的并不在于营利，而在于降低成本、提高效率。

4. 稳固财务管理基础

政府会计和财务报告体系是制定政策、落实责任制、加强公共财务管理与财务监督的基础及重要工具。近年来，部分国家正加大对政府会计和财务报告系统的改革力度，利用国库分类账户系统履行会计职能，并及时掌握预算执行中的各种信息，以加强对支出预算执行的监管；逐步用修正的权责发生制（或完全权责发生制）来替代现金收付制，使政府会计能涵盖政府全部的收入和支出、负债和资产，为评估政府的完全成本和绩效提供一个合理的框架。我国现行的以收付实现制为基础的预算会计虽然进行了一系列改革，但与公共财务管理的信息要求还有很大差距，还不能全面反映政府的资产和负债信息。因此，为了更真实地、全面地反映政府的财务状况及财务活动情况，提高政府财务信息质量，应建立起一套统一的、完善的政府会计和财务报告制度，为公共财务管理提供真实、完整的信息。

5.实施财务公开，加强财务监督

我国要想全面推行财务公开，自觉接受社会各方面的监督，必须采取三个方面的措施。第一，采用民主、公开的方式。比如，构建政务网、政府会计网、政府采购网等信息平台，以及通过广播、电视、各类报纸杂志以及各种新闻发布会，宣传政府财政财务管理的法律、法规与制度，扩大社会公众的知情权、评价权和监督权。财务越公开、信息越透明就越不容易产生腐败，而且也越能释放和动员社会公众参与公共财务管理的能量与热情，杜绝因信息不对称而导致的公职人员违规违法行为。第二，加强审计监督，公开审计机关的审计结果。要加大公职人员经济责任审计工作力度，在真实合法性审计基础上加强效益审计、决策审计、专项审计，要从资金使用、项目运行、数据核查等方面加强对公共财务管理工作的监督。第三，有效的监督还应当是有力的监督，而有力的监督必须依靠强有力的惩戒措施。没有强有力的惩治措施，监督也会变得流于形式。所以，要实施理财过错责任追究，按照"谁决策，谁负责"的原则，建立健全理财过错责任追究制度，实现理财行为的权责统一。与此同时，要加强对公职人员的责任目标控制和财务违规违法行为的惩罚力度，用高昂的违规成本来约束和限制公务人员的财务行为，使财务监督真正起到震慑和示范教育作用，从而杜绝公务人员在公共财务管理工作中违规违法现象的发生。

二、企业财务柔性管理研究

21世纪，在经济全球化的大背景下，企业管理模式在不断地创新发展。人力资源已经超越了物质方面的资本，成为企业发展的核心部分。员工是企业发展的最主要承担者，其能动性和积极性对企业的发展有着重要意义。企业员工的素质直接影响到企业的核心竞争力，传统的财务管理模式已经难以适应时代发展的需求，所以需要一种新的财务管理模式来充分发挥员工的能动性与积极性。企业采取柔性财务管理模式能够在很大程度上提升财务人员的办事效率，同时能够促进企业经营活动的正常开展。企业管理者探讨柔性管理模式以及传统的刚性管理模式，能够最大限度地提升企业的效益，对企业的生产经营活动的开展有着积极意义。

（一）柔性管理与财务柔性管理

1. 柔性管理

（1）柔性管理的概念。柔性管理是指现代企业在已有的先进生产技术和规范管理基础上，经过系统思考，改变心智模型，提高学习能力，实现自我超越，主动地适应外部环境的变化来实现经营管理状态变化的一种灵活管理模式。它要求企业组织结构是扁平的和灵活的，企业产品的开发、生产、销售和服务都是以市场为导向的、快速变化的，企业信息沟通是畅通的、便捷的，人的积极性能得到最大限度的发挥，企业能够根据市场变化迅速做出反应和调整。柔性是相对于刚性而言的，那么柔性管理就是相对于以规章制度为中心，凭借制度约束、纪律监督、奖惩规则等手段对企业员工进行管理的刚性管理而提出来的。在传统的企业管理中，权力多集中在领导者手里。这种管理方式具有两个特点。第一个特点：强调高层统管，部门分工，各自负责；重视组织管理结构的稳定性；依赖自上而下的层级控制；强调对成员严加管束，认为成员工作就是为了追求经济利益，重视物质激励。第二个特点：注重成员的专一技术能力，这样就使管理具有较强的刚性，灵活度较小，管理风格不易发生变化，企业很难适应外界的变化。而在现代企业的柔性管理中，实行扁平结构的弹性管理，提倡按市场需要灵活组建团队；领导者乐于向下属授权，重视与成员的人际沟通，引导成员自我管理，突出成员在组织发展中的主体作用，充分释放成员的积极性和创造力，倡导成员一专多能。这些都使企业具有较大的弹性，反应更为敏捷，能够快速响应市场的变化。

（2）柔性管理的影响。柔性管理是企业为适应环境变化而应用的新的管理模式。从科学管理思想出现以来，效率和质量一直是企业的核心。规模经济效应和学习效应在提高效率与质量方面起到了关键的作用。在买方市场条件下，面对激烈的低成本竞争和大批的高质量供应商，产品生命周期不断缩短，消费者需求日益多元化，迫使企业更加关注柔性管理。现在，柔性管理已经成为效率和质量的必要补充。

柔性管理对于企业的影响具体体现在三个方面。第一，优化企业的生产系统。企业通过采用柔性生产技术和使用复合技能工人，有利于生产出不同品种的产品。而且，柔性管理可以使系统经济快速地转换生产对象，减少了产品生产前的等待时间，从而提高了效率。此外，柔性管理可以减少库存，加速资金周转，提高设备利用率。第二，柔性管理可以满足员工的高层次需要，因而能深层次地激发员工的工作潜能，使其不仅自觉提高各自的工作标准，而且愿意挖掘其潜能，做出超常的工作成就。第三，柔性管理还可以优化产品研究与开发体系，从而加快产品研发的速度，满足消费者不同的需要，提高企业的核心竞争力。

（3）柔性管理的特征。柔性管理主要具有四个特征。第一，内在驱动性。柔性管理的最大特征，在于它主要不是依靠权力影响力，而是依赖于员工的心理过程，依赖于从每个员工内心深处激发的主动性、内在潜力和创造精神，使每个员工能真正做到心情舒畅、不遗余力地为企业的发展而不断提高自己的业绩，以确保企业在激烈的市场竞争中取得优势，因此具有明显的内在驱动性。只有当企业规范真正地转化为员工的自觉意识、企业目标真正地转化为员工的自发行动时，柔性管理才能形成内在驱动力，才会产生自我约束力。第二，持久性。柔性管理要求员工把外在的各种管理规定转变为员工内心的承诺，并最终转变为员工自觉的行动，这一转化过程是需要时间的。另外，受员工个体差异、企业文化传统及周围环境的制约等多种因素的影响，企业目标与个人目标之间往往难以协调。然而，一旦这种协调工作通过柔性管理而达成一致，便会在员工的认识上获得相对独立性，这对员工将会产生强大而持久的影响力。第三，迅速适应性。柔性管理的迅速适应性主要表现在适应环境变化的及时性和应对能力方面。在当今时代，由于劳动者文化素质日益提高，他们能根据周围环境的变化积极发挥才智、灵活反应、迅速行动、避开威胁。同时，柔性管理不仅具有及时发现环境变化的能力，还具有坚强和韧性的特点，能积极应对环境变化带来的各种影响。另外，柔性管理的迅速反应性还体现为在日趋激烈的市场竞争中，在市场不确定因素难以预测的情况下，企业能及时、准确地重组其人力资源和技术资源，获得竞争优势并提高利润。第四，有效性。柔性管理主要是通过满足员工的高层次需求，激发员工对工作的高度热情，因而柔性管理具有有效的激励作用。

2.财务柔性管理

（1）财务柔性管理的含义。财务柔性管理是指财务管理系统所具有的快速而有效地适应财务环境变化或处理由环境而引起的不确定性的能力，具体来说就是针对内外环境的变化，快速而正确地制定财务决策，适时且经济地实现财务决策来系统、持续地处理财务管理活动中不确定性的能力。这种能力由缓冲能力、适应能力和创新能力构成。

财务柔性管理的含义，具体体现在以下几个方面。

第一，缓冲能力。缓冲能力是以不变应万变，抵御环境变化的一种手段，是企业财务管理具有的吸收或减少环境变化对系统影响的能力。企业财务柔性管理之所以具有缓冲能力，在于其储备了缓冲变化的各种资源。它通过实物缓冲和能力缓冲等手段来达到增强企业财务管理适应环境变化的目的。实物缓冲是企业财务管理处理外部不确定性而进行的各种实物储备，如营运资本管理活动中的存货。能力缓冲是指为防备外部不确定性而在企业财务管理活动诸要素方面所设置的额外的能力，这种能力表现为技能和财力，如筹资渠道、筹资方式、投资项目、投资方案的选优，是一种理论与实际的结合。

第二，适应能力。适应能力是一种以变应变的能力，即企业财务管理随环境变化而快速适应变化的能力。当环境发生变化时，企业财务管理在不改变其基本特征的前提下，做出相应的调整，以适应财务管理环境的变化。适应能力的大小取决于以变应变的速度和范围，变化的速度取决于环境变化或不确定性信息能变为财务管理指令所需要的时间和财务管理指令发出并实现所需要的时间，变化的范围取决于筹资、投资、营运资本、收益分配等环节的资金需求量、资金供给量和均衡量。资金需求量的多少、涉及面的宽窄，都是资金供给应考虑的问题，并要力争满足，实现均衡。适应的出发点是以变应变，它是企业财务管理的一种必要手段，但也是一种相对消极的处理变化的手段。

　　第三，创新能力。企业财务柔性管理不应该仅仅是被迫适应环境变化而具有的适应能力，更为重要的是应具有创新能力。创新能力是系统采用新行为、新举措影响外部环境，改变内部环境的能力。企业财务管理不仅要快速应变，而且要主动求变。一方面要尽快调整自身适应变化；另一方面又要影响环境，使之朝着有利于自己的一面变化发展。企业财务管理要科学地对环境变化进行预测，优化利用企业资源，充分发挥系统的潜能，走可持续性发展的道路，使企业财务管理不仅能适应企业当前内外部环境的动态多变，而且能适应企业较长期内外部环境的变化。创新的出发点是求变，它是一种积极主动地处理不确定性的能力，是企业财务柔性管理的主体。

　　（2）财务柔性管理的主要内容。

　　①财务柔性管理的分类。企业财务柔性管理按企业财务管理的内容来分，可分为筹资柔性管理、投资柔性管理、营运资本柔性管理、收益分配柔性管理；按企业财务管理的过程来分，可分为财务预测柔性管理、财务决策柔性管理、财务计划柔性管理、财务控制柔性管理、财务核算柔性管理、财务分析柔性管理；按企业生产经营过程来分，可分为销售柔性管理、生产柔性管理、供应柔性管理；按范围来分，可分为局部柔性管理和整体柔性管理。

　　②财务柔性管理的内容。如上所述，企业财务柔性管理由筹资柔性管理、投资柔性管理、营运资本柔性管理和收益分配柔性管理等构成。筹资柔性管理由筹资渠道、筹资方式、资本成本和资本结构等柔性管理构成，投资柔性管理由投资项目、投资方案等柔性管理构成，营运资本柔性管理由现金持有额度、应收账款、存货等柔性管理构成，收益分配柔性管理由分配政策、分配数额、分配方式等柔性管理构成，企业财务柔性管理根据整体性原理，应当体现为财务管理活动中各项柔性管理的有机结合。只有当企业内的各项活动的柔性得到提高，财务管理的总体柔性才会提高，对各种不确定因素的应对处理能力才会加强。

　　③财务柔性管理的特征。与传统财务管理模式相比，财务柔性管理模式具有七个显著特征。第一，在管理方式上，传统财务管理强调集权式或相对分权式，而财务柔性管理注重财务灵活性。第二，在财务管理的主导战略上，传统财务管

理主张低成本战略，而财务柔性管理主张多样化战略和市场领先战略。第三，在财务管理思想上，传统财务管理强调规范化、专业化，而财务柔性管理强调快速反应、柔性化。第四，在财务管理体制上，传统财务管理实行部门管理、层次管理，各工作环节是按顺序衔接；而财务柔性管理实行一体化管理，各工作环节实行并行工程，即强调集成管理。第五，在财务管理的组织结构和功能上，传统财务管理采取"金字塔"式的层次结构，职能部门界限分明；而财务柔性管理的组织结构是"有机"的结构，打破职能部门界限，采取网络结构。第六，在财务管理的任务上，传统财务管理则是单一目标制度，强调建立财务管理的秩序，追求效率、稳定和连续；而财务柔性管理采取财务管理、协调、服务、创新的多目标，强调不断进行自身的学习，适应环境，改造环境，与时俱进，不断创新。第七，在对财务管理人员素质的要求上，传统财务管理需要专业人才，强调专业素质与管理素质分离；而财务柔性管理需要柔性人才，重智能、重技能，强调专业素质与管理素质相结合。

（二）我国企业实施财务柔性管理的意义、阻碍和方法

在市场经济条件下，企业财务活动的不确定性因素增加，企业资本运动总是处在不断变化的过程中。加之，企业财务管理的外部环境和条件的不断改变，如国家经济政策调整，经济发展处于不同的周期，企业处于不同的市场竞争环境中，国家对税收法规、证券法规、财务法规的调整，金融市场环境的改变等，无不对企业财务活动和财务管理产生重要的影响。因此，企业必须相应地调整财务管理策略和方法，才能更好地适应这种变化，从而不断提高企业财务管理的水平和效率。我国加入WTO后，随着世界经济的一体化、资本国际流动的加强，我国经济与世界经济的进一步融合，企业财务管理的环境变得更为复杂和不确定，这就要求企业一切财务决策的制定必须快速，财务战略的确定必须适时，能随时根据瞬息万变的市场和环境做出快速的应变策略，实施企业财务柔性管理也就成了必要的操作。

1. 企业实施财务柔性管理的意义

企业在运营过程中既要考虑物质资本，又要考虑人力资本。企业要综合财务指标和非财务指标，从单一的财务指标考核到分析性考核，从硬指标考核到软指标考核，人力资本参与分配，使财务管理反映客观现实，财务分析更具有客观性。企业为了适应环境的变化、财务制度的非正规化、财务决策权的变化、组织结构的网络扁平化，使财务系统具有更强的灵活应变能力，能够应对突然发生的变故，适应变化越来越快、竞争越来越激烈、服务对象越来越有主动权和个性化的外部环境的变化，有必要实施财务柔性管理。企业实施财务柔性管理有利于企业价值最大化，使组织内部各部门、各岗位更加协调，激发员工的潜能，增强企业的核心竞争力，提高企业的经济效益，有利于企业价值最大化的实现。

2. 企业实施财务柔性管理的阻碍

当前，企业实施财务柔性管理时主要存在三个阻碍。第一，现行财务管理缺乏评价的客观性。从当前来看，财务分析评价多以财务报表和财务指标为依据，而缺少对企业的具体情况进行分析，缺乏灵活性和客观性。而对于同一个企业，不同的计量方法会呈现出不同的财务报表数据。财务分析如果不与企业的具体情况相结合，或未灵活运用，将使其丧失客观性。第二，组织结构层级过多。如果企业组织结构层级过多，将会出现各层级不能及时沟通的情况，造成财务管理低效率。我国许多企业还沿用金字塔式的组织结构，层级多，信息不畅通，财务管理形象较差，管理费用也比较高。第三，企业财务管理人员素质有待提高，比较缺少优秀的知识型企业领导和财务总监。部分普通财务管理人员只满足于完成自己分内的工作，对如何改善企业财务管理现状并不感兴趣；部分管理人员只满足于完成企业下达的财务指标，习惯于和企业讨价还价，并未真正从整体、全局角度关心财务管理工作；最重要的是，总体比较缺少优秀的企业领导和财务总监，而企业财务管理的好坏与他们专业素养高低的关系很大。

3. 企业实施财务柔性管理的方法

（1）改变思想观念。企业的思想观念要从生产导向转变为市场导向。传统的刚性财务管理模式与生产导向关系密切，比较关心产品生产和经济生产批量，把价格和质量作为市场竞争的主要手段。财务柔性管理以市场导向为主，关心客户的需求，把争取客户作为市场竞争的主要手段。因此，企业既要重视生产管理，更要重视客户关系管理。

（2）改变管理方式。企业的管理方式要从控制转向引导和激励。传统财务刚性管理往往就是财务控制，企业财务经理主要就是为了保证完成任务，加强对各部门和员工的财务控制，对于如何优化各部门和员工的财务行为考虑不够。实践证明，财务管理已经不再是传统意义上的财务控制，而是引导和激励。在信息时代，企业只有通过有效的引导和激励才能更好地优化财务行为，提升企业的价值。

（3）改变传统财务职能。

第一，财务职能转变的必要性。传统的企业财务职能，在现代社会迅速变化的各种挑战之下，已经不能适应环境变化和企业发展的需要，必须进行职能转变。所谓财务职能转变，是指企业从传统财务管理的角色转变为适应新环境变化并增加企业价值的新的角色。从世界范围来看，尽管各国企业的财务职能存在差异，然而从财务职能重点的转移趋向上来说，各国基本上是一致的：从业务处理和控制转变为决策支持与战略发展。财务职能转变并非一种风潮，全球化竞争异常激烈，管理模式正发生变化，财务战略在整体战略中的地位日益突出，这些都是企业面对环境变化必须做出的反应。

第二，财务职能转变的方向和方法。财务职能转变的方向和方法，具体体现在两个方面。一方面是财务工作范围的转变。目前，传统的企业财务职能存在着一定的缺陷，比如较强调预算和会计核算职能，财务系统比较封闭，对企业面临的各种外在变化缺乏认识，这都会使财务管理活动不能发挥应有的作用，不能很好地适应市场的变化，对企业风险的管理也只能停留在计划控制的简单层面。为满足企业财务柔性管理建设的要求，财务职能的转变要从传统的以记账为主的财务职能转向以收集、分析、整合有效信息，用于支持决策，以服务为导向，以企业整体增值为主的新职能。财务工作范围和工作职能的转变，从手段上保证了企业财务柔性管理建设的需要。另一方面是财务管理目标的转变。目前，很多企业的财务活动仍集中在业务处理、日常控制、财务报告等工作上，未能与企业战略性目标很好地结合起来，或者说对企业战略性目标的支持力度不够。如果财务职能活动不能体现企业的战略发展思想，可能会导致企业出现以牺牲长远利益为代价换取眼前利益的短期行为，进而阻碍企业的持续发展。因此，财务职能转变需要适应竞争形势和市场环境的需要，以企业发展战略为促进目标。财务管理目标转变的具体工作包括使用恰当的技巧对长期战略决策进行评估、为企业寻找可采用的融资渠道、管理企业的流动现金、帮助企业选取投资项目、平衡管理者（代理人）与股东（委托人）间的利益关系等。财务管理目标的转变肯定了实施财务柔性管理的意义，也为财务柔性管理的建设提供了依据和支持。

（4）调节组织结构。组织结构要从纵向转变为横向。财务柔性管理要求企业提高对市场需求反应的灵敏度，内部信息高效率流动，内部各部门更加协调合作。而我国纵向的组织结构往往难以适应财务柔性管理的要求，因为它缺乏网络灵活性，信息收集和交流都比较缓慢。建立横向组织结构代替纵向金字塔组织结构，已经成为大势所趋，这样不仅可以减少成本，还有利于部门之间的合作与沟通。

（5）提升财务人员的管理水平。根据对企业财务管理的影响程度，可将与企业财务管理相关的人分为三类：第一类为外部环境人，包括投资者、债权人、供应商、客户等；第二类为财务管理中的各级管理者，包括财务总监、财务经理等；第三类为一般的财务管理人员，即直接从事具体财务管理业务的人员。这些人的素质对企业财务管理的效率都会产生影响，如外部环境人的素质会不同程度地影响筹资、投资活动方案的实施。而其中财务管理者所具有的素质是提高企业财务柔性管理的关键，因为他们要直接考虑如何协调好与各种外部环境人的关系，要全面分析对方的心理和影响其行为的因素，如认真分析投资者的偏好，才能保质保量地筹集到所需资金。企业财务管理的高级管理者应当是具有创新精神、勇于变革、积极进取的职业经理人，企业应建立起合适的高级财务管理人才引进培养机制和经理人选拔制度，如通过定期或不定期的员工考核，辞退一些不合格的理财人员，同时吸收社会的优秀人才，以确保高级财务人才对企业贡献的长效化。综上所述，企业财务管理要培养各类人员重视持续学习新知识、获取新信息的能力，需要建立一个学习型组织，即通过培养弥漫于整个组织的学习气氛，充分发挥员工的创造性思维，进而建立起有机的、高度柔性的、扁平化的、可持续发展的组织。

第三节　网络环境下的财务管理研究

近年来，互联网技术与互联网平台的发展由快速走向成熟，各行各业的发展也越来越离不开网络的支撑。在网络环境的推动下，企业也不得不改变传统的财务管理方式，将财务软件、计算机技术等与财务相关的内容重新规划并纳入企业管理的范围。企业财务管理的变革不仅促进了企业管理的数字化、信息化进程，而且加快了企业电子商务的发展，更加规范了企业的管理流程。同时，网络平台的应用也给企业带来了巨大的影响和挑战。因此，在这种背景下，如何创新和变革财务管理才能适应未来社会发展的需要，已成为每个企业关注的重要问题。

一、网络环境下企业财务管理模式的特点

（一）数据传递更加及时

网络信息系统的应用改变了传统财务管理中财务数据不能及时传递的弊端。在网络环境下，企业财务信息系统可以实现对数据的实时传递、资源共享以及监控反馈等功能，随时可以更新企业各个环节的数据，并将数据传递给信息使用者，这更能体现财务数据的真实性。同时，通过及时反馈得来的财务数据，也加强了对企业的内部控制，从而提高企业的财务管理水平。

（二）运行环境更加开放

在网络环境下，企业可以利用财务软件的兼容性特点，将财务数据在其中的计算机端口输入，那么其他链接的终端设备就可以查询、分享、下载这些数据，这不仅大大减少了重复输入数据的时间、提高了工作效率，而且为信息使用者提供了第一手资料，从而发挥了财务管理的指导作用。

（三）数据信息更加集中

传统的财务数据体现在报表上，数据分散且没有关联性，要想获得数据之间的联系，需要花费很长的时间。而系统的财务软件的应用，让企业的财务数据能够更好地衔接起来，可以针对不同的要求将数据分组，数据之间既相互独立又相互关联，更加方便企业管理者选择、分析及使用数据。

二、网络环境对企业财务管理的影响

网络环境对企业财务管理的影响主要体现在以下三个方面。

（一）放大了财务系统的安全问题

网络环境下网络信息系统的应用，在一定程度上给企业财务数据的使用带来了方便，但也放大了财务系统的安全问题。一方面，由于网络具有全球性、开放性的特点，因此，网络本身存在着不安全性，网络环境并不稳定，一旦遭受不明病毒等因素的入侵，就会给企业数据造成严重的损失，从而影响企业财务管理工作，进而损害到企业的利益；另一方面，在使用财务管理软件时，要严格设置访问财务管理系统的权限，杜绝财务信息被人为修改的可能性，保证财务信息的准确性、真实性和可靠性，这无疑提高了对网络财务系统的安全性要求。

（二）转变了财务管理的职能

网络财务管理在运行当中，能够实现财务信息与企业数据资源的实时共享和反馈，这直接体现了财务对企业的内部控制和管理，因此，财务管理的核心也逐渐由传统的财务核算向财务控制转变。财务人员的职能不再是单一核算，而是更多地参与到企业的管理当中。财务管理职能的这种转变更有利于发挥财务管理的核心作用，同时，这也提高了对财务管理人员的要求。

（三）严格了对财务报表的要求

网络财务管理具有固有的流程和模式，它具有自动生成记账凭证、编制财务报表的功能，财务报表上的数据之间是可以进行相互比较的，这大大提高了财务数据的真实性和可比性，使财务管理更加规范化和标准化。因此，在使用财务报表时，要求财务工作人员提高其专业能力和综合素质，以适应企业规范化的管理要求。

三、网络环境下企业财务管理创新的思路

通过对企业财务管理特点以及影响的分析可以看出，企业要想实现最终目标，获得利益最大化，就必须不断适应网络环境的新发展，积极探索财务管理的新模式，不断改变传统的财务管理方法，变革财务管理机制以满足社会的发展要求。因此，在目前的网络环境下，企业要想实现财务管理的网络化和信息化，必须做好以下几个方面的工作。

（一）创新财务管理模式

在网络环境下，企业的财务管理由原有分散的、局部的管理模式向更加集中的方式转变，企业要充分利用网络的特点和优势，对企业的财务数据进行远程报账、查账、监控库存和经营业绩等，充分调动和利用财务网络系统的实时数据资源，以便于及时掌握企业的财务状况，从而规避财务风险。这种管理模式的创新，使企业能够实现集中式管理，对企业的资源进行合理的整合和配置，最终才能提高企业的综合竞争力。

（二）创新企业财务核算内容

传统的企业主要依靠土地、设备以及厂房等资产的多少来决定企业的竞争力，这些也构成了企业财务核算的主要内容。但是，随着网络化的快速发展，企业已经将核算的重心转移到基于内外供应链管理的会计信息管理和决策分析等方面。新的发展环境要求人人都是企业财务信息的处理者，企业的每个员工都要协助企业的管理者做好产品规划、产品销售等方面的工作，这样才能为企业创造最大化的利润。

（三）健全企业财务管理系统的安全保障体系

由于财务数据不仅直接反映了企业的资产状况、负债情况、利润收益以及现金流量等内部信息，更体现了企业的经营运行情况，因此，财务数据信息的真实性和安全性就变得十分重要。在这种情况下，财务管理系统的安全问题也是企业应该考虑的首要问题。所以，企业在使用网络财务管理系统时，要针对网络的漏洞和安全问题，创建以数字化技术为先导，以市场化需求为标准，综合运用互联网的多媒体、超文本等技术，具有动态的、实时的、可监控等特点的财务系统，从而形成多层次、立体化的财务安全保障体系。

（四）创新企业财务管理人员培训体系

创新企业的财务管理，首先要改变传统的财务管理理念，摒弃以前的以资金为中心的管理理念。因此，企业应该打破传统的收益分配格局，逐步创新并建立起责、权、利相结合的分配理论和财务运行机制，这样才能充分调动员工的积极性，实现企业的管理目标。企业的价值不再只是体现在企业拥有的债券、股票价值、企业规模以及经营收益上，而应围绕"以人为本"的管理理念，并将人才作为企业经济发展的核心。因此，在以数字化、网络化和信息化技术为先导的新环境下，企业在转变财务管理理念后，要更加注重对财务人员进行网络技术以及业务操作等内容的培训，提高财务相关人员的思想觉悟和业务操作水平，提高财务人员的管理及创新能力，以真正实现企业"以人为本"的管理模式。首先，将员工根据工作经历、背景、学历、能力等条件进行分组；其次，针对已经掌握财务管理和经济理论基础的管理人员可以通过进一步培训现代网络技术，将他们所学的经济学、会计学、网络技术等有机地结合起来，帮助他们全方位地、多角度地分析新经济环境发展的需要，从而给企业的领导者提供有价值的财务决策信息；最后，针对没有网络基础的基层财务人员，为其制定适合他们学习的课程，通过技术培训增加他们的网络基础知识，提高他们对企业经营状况的评估和分析能力。只有不断加强对财务人员的网络技术的培训，才能切实提高企业财务人员的整体水平。

在互联网技术、信息技术突飞猛进的现代社会，企业要想获得发展，就得及时了解社会经济发展的新趋势，通过创新企业财务管理模式创新企业财务核算内容、健全企业财务管理安全系统的保障体系、创新企业财务管理人员培训体系等方面，全面提高企业的核心竞争力，最终实现企业的可持续发展目标。

第二章

互联网金融审计的内涵及审计要素分析

金融监管的目标在于提升金融效率、保护消费者和维护金融稳定。对于互联网金融风险的监管，应从监管规则、监管模式、监管技术、监管法律依据、监管范围、诚信体系建设等方面进行相应的明确和细化，形成立体化、动态化和常态化监管。

在面对以跨业、跨界、技术创新速度快和变化快等为主要特点的互联网金融与复杂多变的审计环境时，如何对互联网金融风险进行科学监管和审计，是确保金融安全、金融秩序和防范系统性金融风险的重要课题。

第一节　互联网金融审计实施的必要性和可行性

一、我国金融审计的定位与职能演进及重点工作内容

（一）我国金融审计的定位与职能演进

金融是现代经济的核心和命脉，金融安全是国家经济安全的核心。审计机关依法加强金融审计，维护金融秩序的稳定和金融安全，确保经济与金融的有序运行，这对于国家经济和社会稳定而言具有极为重要的意义。同时，互联网金融审计作为金融监管的重要手段，在防范互联网金融风险、保障互联网金融持续健康发展的过程中起着不可替代的作用。金融审计职能具有典型的体制特点和时代

特点。

金融审计是审计主体依据相关的法律和制度，对金融企业的资产、负债、损益及金融机构的财务收支情况进行监督、评价与鉴证的系列活动，以规范管理、提升效益和防范风险为主要目标，从而推进构建安全、高效和稳健的金融运行机制，促进金融监管机构依法履行职责。

近年来，我国的金融审计得到了长足发展，在促进整顿和规范金融市场秩序、完善金融法规、防范和化解金融风险等方面发挥了重要作用，其地位也越来越重要，对于我国金融安全的维护发挥着不可替代的作用。

目前，我国金融审计处于安全审计阶段，在该阶段，国家赋予了金融审计更为深入的职能要求，即金融审计要以维护安全、推动改革、促进发展为目标，揭示和防范金融风险，完善金融监管，推动建立健全高效、安全的现代金融体系和系统性风险防范机制。在安全审计阶段，金融审计以信息化和网络审计为依托，加强对金融机构和金融业务的经常性审计，加大对跨市场、跨行业、跨地域金融风险的监督力度。

目前，我国金融审计主要划分为政府金融审计、民间（外部）金融审计和内部金融审计三个层次。政府金融审计是维护国家金融安全的中坚力量，具有明确的主题性、独特的强制性，除对政府审计范围内的传统金融机构进行审计外，同时还负责对金融监管机构和行业协会实行再监管，从而从宏观视角全面识别和防范金融风险；民间（外部）金融审计主要由专业性的审计机构对各类金融机构、企业实施专业性、周期性审计，审计对象和业务的覆盖范围较宽；内部金融审计则是由金融机构、企业的内部审计机构或部门依据金融法规、会计准则和审计规则对其金融业务进行内控性、合规性的审计与监督。

金融审计主要包括商业银行审计、政策性银行审计、政策性保险机构、证券公司审计、保险公司审计和其他金融机构审计等六个类型。由于我国金融的定位与职能的变化，金融审计的范围和类型也在不断变化与扩大，这也对审计人员的专业知识和技术知识素质提出了更高的要求。

（二）我国金融审计的重点工作内容

金融审计是国家审计功能拓展结构体系中的组成部分，它以金融行业为监督对象，以金融机构为审计对象，以维护国家金融安全和促进金融稳健发展为主要目标，通过严格有效的审计监督手段和程序，及时发现、防范、化解和控制金融风险。作为金融监管的重要力量，金融审计是保障国家经济体系和金融体系健康、平稳运行的"免疫系统"。

二、实施互联网金融审计的必要性分析

（一）防范金融风险和维护金融安全的需要

2022 年世界互联网大会蓝皮书新闻发布会于 2022 年 11 月 9 日举行，会上发布了《中国互联网发展报告 2022》和《世界互联网发展报告 2022》。

《中国互联网发展报告 2022》显示，2022 年，我国系统推进 5G 网络、千兆光网，网络数据中心建设发展和传统基础设施改造升级，全面布局算力基础设施，全国一体化大数据中心体系完成总体布局设计，物联网、工业互联网、车联网等领域加速发展。至 2022 年 6 月，我国已累计建成开通 5G 基站 185.4 万个，5G 移动电话用户 4.55 亿，建成全球最大的 5G 网络。数字经济赋能传统行业作用凸显，2021 年全国数字经济规模达 45.5 万亿元，占 GDP 的 39.8%，总量居世界第二。同时，数字化公共服务效能增强，国家数字教育资源公共服务体系、全国统一的医保信息平台等建成并不断完善，至 2022 年 6 月，中国网民规模达到 10.51 亿，互联网普及率达 74.4%。数字生活包容性增强，互联网应用适老化改造推进，面向特殊群体的数字化社会服务能力不断提升。当前，针对重要信息系统、基础应用和通用软硬件漏洞的攻击利用活跃，漏洞风险向传统领域、智能终端领域泛化演进。网站数据和个人信息泄露现象依然严重，移动应用程序成为数据泄露的新主体。移动恶意程序不断发展演化，环境治理仍然面临挑战。

我国互联网金融的重要支撑为信息技术，其主要应用领域为互联网支付、数

据信息处理（大数据分析）和金融资源配置功能。互联网金融的重要特征是大数据分析、云计算技术、搜索引擎技术等在金融中的应用，而互联网技术本身的复杂性和不确定性，将会与金融产品、金融服务和金融平台自身的金融风险进行非线性的叠加，即互联网技术对金融风险具有放大和催化作用。另外，金融信息和金融交易在通过移动网络、社交网络等给社会民众提供便利和信息的同时，也会带来信息泄露、网络安全、黑客入侵和金融欺诈等安全隐患。

互联网金融的本质仍然是金融，其核心不同在于互联网及其创新技术被深入用于金融领域，而这种应用会模糊原有金融体系内部的界限和边界，并对原有金融体系和金融功能的结构、路径进行重构、改造，甚至是破坏，进而实现对金融服务、金融产品、金融营销等模式和内在流程、路径的重组。互联网金融风险的复杂性将促使互联网金融审计必须采用更为先进的审计方法和审计技术，有效预防和发现系统性风险的影响，确保我国金融安全。

需要指出，互联网金融会产生大量过程数据、行为数据和特征数据，虽然可以向金融监管和金融机构提供大量数据作为风险管理决策及审计决策的重要参考，但互联网金融本身并不具有金融风险的防范和预警功能。

（二）维护互联网金融持续健康发展的需要

近年来，我国互联网金融在政府及社会民众的支持和鼓励下得到了迅速发展，在促进金融改革转型、提升金融服务效率，以及发展普惠金融和解决中小企业融资难、丰富公众投资渠道等方面，起到了非常积极的推进作用。

但同时，互联网金融的虚拟性、复杂性也给互联网金融的发展带来了诸多不确定性和未知性。在互联网金融的快速发展过程中，产生了诸多互联网金融参与主体盲目扩张等原因引发的道德风险和信用风险、不断出现的信息安全风险和网络技术风险、日益积累的影子银行风险、良莠不齐的金融理财产品等。正可谓"没有网络安全，就没有国家安全"，加强互联网的风险防范和网络安全是确保互联网金融健康与稳定发展的基础。

互联网金融系统性风险的不断积累，将对互联网金融的可持续健康发展形成负面影响，有可能会对互联网消费者、投资者的资金及资产安全产生巨大风险，从而威胁到我国的金融安全和金融秩序的稳定。

综上所述，构建互联网金融审计体系，对于预警和防范系统性金融风险，维护国家金融安全和实施金融监管的需要而言，具有重要的意义和价值。

三、实施互联网金融审计的可行性分析

随着金融审计环境的不断变化，我国金融审计将在审计组织和实施、审计定位和职能、审计方法和程序、审计模型和审计技术、审计信息化发展等诸多方面进行科学的适应性调整与发展，以实现"免疫系统"的金融功能，从而为实施互联网金融审计打下良好基础。

（一）金融审计功能的再定位和深入演进

现代审计的本质功能是对受托经济责任履行过程的经济控制；现代审计的具体功能是通过实施具体审计服务，为实现受托经济责任履行过程的具体控制目标所发挥的功能。

未来，除了将继续坚持对金融领域违法违纪案件的线索进行发现和查处外，我国金融审计将在国家治理中扮演越来越重要的角色，其趋势是加强对宏观经济政策、金融监管政策制度的落实及执行情况进行绩效审计和跟踪审计，而不仅仅是一种经济管理工具和政治工具。通过绩效审计，深入提示金融机构在贯彻执行国家货币信贷政策以及区域发展、节能减排、惠农支持和中小企业发展支持等宏观调控措施中存在的重点问题与政策风险，从而促进金融机构更好地执行和落实国家宏观调控政策，确保政策措施落到实处。

另外，加强对消费者的权益保护，从而维护我国的金融秩序稳定和社会稳定，是我国金融审计功能的重要发展方向。消费者的权益保护是改进金融服务和提升金融效率的必然选择。金融审计机构应建立起消费者的投诉数据库和典型案例数据库，运用大数据对提供金融服务的金融机构及非金融机构进行金融消费质

量的多维度分析，从而及时查找审计风险和违法违规线索，监督相关机构的金融政策落实执行情况并有效保障金融消费服务的质量。

（二）金融审计与金融监管之间的协同关系定位

我国金融体系主要由金融机构体系（包括中国人民银行、各类商业银行和政策性银行、保险公司、证券公司、投资银行和基金组织等现代金融企业）、金融市场体系（包括货币市场和资本市场）、金融监管体系、金融调控体系（宏观调控和微观调机制）和金融环境体系构成。

2003 年，国务院机构改革，确定的主要任务之一是健全金融监管体制，设立中国银行业监督管理委员会。当时，中国人民银行、中国银行保险监督管理委员会、中国银行业监督管理委员会加上于 1992 年成立的中国证券监督管理委员会，"一行三会"的中国金融业分业经营、分业监管、分工合作的金融监管体系正式确立。这种体系以金融业务和服务的明确分界与专业化、细分化监管思想为基础，在一定时期内发挥了重要和有效的监管效能。

随着利率市场化改革推进及金融工具创新热潮的持续，国内金融业呈现混业经营的大趋势。2018 年，为深化金融监管体制改革，更好统筹系统重要性金融机构监管，守住不发生系统性金融风险的底线，国家将中国银行业监督管理委员会和中国银行保险监督管理委员会的职责整合，组建中国银行保险监督管理委员会，"一行两会"监管格局形成。

2023 年 5 月 18 日，国家金融监督管理总局正式揭牌，中国银行保险监督管理委员会正式退出历史舞台，我国新一轮金融监管领域机构改革迈出重要一步。国家金融监督管理总局的组建，对于优化和调整金融监管领域的机构职责、加强和完善现代金融监管、解决金融领域长期存在的突出矛盾和问题具有十分重要的意义。至此，我国金融监管体系迈入"一行一总局一会"的新格局。

作为国家政治工具和治理工具的重要组成部分，金融审计需要负担维护国家金融安全和经济运行秩序的重要职责——"免疫系统"功能；但同时，金融审计具有独立的地位，又行使着金融监督的职责。未来，应进一步明确和清晰金融审计与金融监管之间的关系定位，将金融审计纳入金融监管组织体系中，与金融监管形成协同关系，加强金融安全和金融秩序方面的协作，同时加强金融数据和信息之间的共享与利用，从而形成职责分明、层次清晰的金融监管关系和新型金融监管体制。

另外，为适应审计信息化和大数据要求，我国审计机关应进一步构建与金融监管机构之间的金融风险数据和信息共享机制、数据采集协调机制，采用"总体分析、发现疑点、分散核查、系统研究"的新型审计模式，以数据分析和信息化技术为依托，加强对跨市场、跨行业、跨地域的大额金融交易及资金流向进行审计和监督，及时发现和预警金融系统性风险、经营性风险及重大违法违规问题，维护国家金融安全和金融秩序的稳定。

（三）金融审计信息化水平和网络审计程度的提升

金融审计信息化是金融审计的发展方向，是审计事业发展的一个里程碑，也是审计技术和审计手段的一场深刻变革。

在互联网时代，实现审计工作的高度信息化是政府审计、内部审计和外部审计追求的目标。无论是审计客体管理方式的演变，还是审计职业采用新技术的内在冲动，都决定了信息化是我国审计发展的必由之路。通过长期的金融审计经验的积累，政府金融审计初步实现了较高的信息化，包括审计方式信息化和审计内容信息化。

中华人民共和国审计署非常重视审计信息化建设，通过相关信息化软件的广泛使用，潜在地影响了审计人员的工作习惯和思维方式，改变了审计作业实施方式和审计组织方式。

审计信息化建设水平的有效提升主要体现在五个方面：一是现场审计实施系统（Auditor Office，AO系统）的广泛使用，为审计人员提供了多套审计作业操作模式，开发和推行的移动端极大提升了审计项目的沟通、跟进和指挥效率；二是审计项目组织管理交互软件的使用，使得审计机关可以直接指挥审计项目组的审计作业，实现了审计指挥的扁平化管理；三是支持移动办公和移动作业模式的安全客户端系统的使用，使得审计工作克服了层级、空间和地域的限制；四是联网审计系统的应用，使得审计机关已经可以"亚实时"获取审计客体的会计核算等经营管理数据，及时发现并随时纠正潜在的违法违纪问题；五是基于数据中心审计分析系统的应用，以及基于审计数据中心共享数据的分析式审计，将传统审计对象的账表融入更宽泛的数据之中，将发挥审计职能、作用的手段从查账扩展到数据分析。

（四）金融审计人员的专业性和职业角色的发展与转变

在互联网时代，金融审计组织和审计人员需要更精通数据分析技术和信息分析技术，对其计算机能力及水平也提出了更高层次的要求。

随着云计算、大数据在金融审计工作中的深入应用，"总体分析、发现疑点、分散核查、系统研究"新型审计模式的应用，以经营业务、财务报表、会计账簿作为审计目标和重点对象的传统审计，将逐步被以经营数据和关联性非经营数据、环境数据、社会网络数据作为审计对象的方式替代，并从数据分析中寻找审计线索和审计证据，从而得出验证性结果。

传统审计要求金融审计人员以会计作为重要的专业基础，在互联网时代则在网络技术的掌握、数据分析技术的应用等方面提出了更高层次的专业要求。未来的金融审计人员将逐步演化成为金融数据审计师及数据分析师，金融数据审计师将应用大数据技术和信息技术对审计客体及对象的内部大数据、外部关联性大数据进行真实性和可靠性验证，运用大数据分析工具、分析模式和预测工具，按照审计规则对数据结果进行运算、处理和分析解读，最终得出数据审计结论。

未来，金融数据审计人员的工作模式也将以网络审计和非现场审计为主，在未来的政府审计、外部审计、内部审计中发挥越来越重要的作用。

第二节　互联网金融审计的内涵与特征

一、互联网金融审计的内涵

基于互联网金融的研究成果及审计的相关理论，可以认为：互联网金融审计是由独立的专职机构或专业的审计人员接受委托或授权，通过对互联网金融机构（即被审计单位）在一定周期内所从事的互联网金融业务、互联网金融产品和互联网金融服务活动等，以及关联性的经济活动、金融活动的合法性、合规性、真实性、公允性和效益性，所进行的动态性和持续性的审查、监督、评估、鉴证的作业活动。

二、互联网金融审计的特征

互联网金融审计不同于传统金融审计，其主要特征体现在以下几点。

（一）大数据特征

大数据在互联网行业指的是互联网企业在日常运营和交易过程中生成与累积的用户网络行为数据、过程数据及其他网络数据。之所以称为"大数据"，是因为数据规模非常庞大，无法用常规的数据单位 GB 或 TB 进行计量。截至 2012 年，数据量已经从 TB（1024BG＝1TB）级别跃升至 PB（1024TB＝1PB）、EB（1024PB＝1EB）乃至 ZB（1024EB＝1ZB）级别。数据显示，全球数据产量由 2019年的 42ZB 增长至 2022 年的 81.3ZB，复合年增长率达 24.6%。而 2022 年，我国的数据产量高达 7.8ZB，同比增加 19.7%。

互联网金融的核心资源是大数据，核心技术是云计算，互联网金融实质是一种以大数据、云计算为基础的全新金融模式。互联网金融也是金融领域与互联网技术的有机结合，它以互联网技术和互联网平台作为发展主线与贯穿路径，不但将电子商务、金融业务、金融服务、金融产品、第三方支付等进行了跨领域的结合，而且全面覆盖了传统的网络支付、网上银行、网络保险、网络证券等业务。互联网金融平台可以不受时间、空间和操作方式的限制，可以全天候提供全方位的互联网金融服务。

互联网金融审计中涉及审计对象的行为数据、过程数据和特征数据，财务数据将主要作为验证互联网金融审计结果和发现审计线索的辅助参考，而非主要依据和审计切入点。

互联网金融审计的范围将比传统金融审计的范围更宽，它不仅包括传统的财务信息，而且包括非财务信息、大量的结构化和非结构化数据信息（如图形、网页信息等）、关联信息（行业信息、税收信息、征信信息）等。互联网金融审计除对数据信息进行审计外，还会对数据载体、数据质量、数据系统进行审计，从而确保数据源的真实性和准确性，以提升金融审计的质量。

（二）信息流特征

互联网金融审计将针对被审计单位的互联网金融资金流、业务流、物流及信息流（"四流"）实施系统性审计。

互联网金融审计主要针对互联网金融在交易过程中以及交易过程发生后的很短时间内，对交易的"四流"数据进行实时监测，通过审计预警判断指标和标准，实时发现数据的异常，从而判定交易过程是否异常。

（三）动态持续性特征

传统金融审计从计划开始直到审计报告完成基本是一个现场审计过程，在这个过程中，会因为人为因素、信息提供因素和时间因素等出现停顿或反复。而互联网金融审计需要以一种连续性、自动化的方式，实现非现场的连续性审计，它能够节约大量的审计时间，确保审计资源的有效分布和高效利用，能以最少的审计资源取得更多的审计绩效。

互联网金融审计不同于传统金融审计，它更加注重对互联网金融的"四流"

进行全局性的动态持续性追踪。从技术方法和实施过程来看，互联网金融审计是一种高频次的实时审计和动态审计，更强调实时性、动态性和持续性。互联网金融审计更倾向于一种事前审计，而非事后验证，它主要通过对交易流程和数据信息的过程进行规律性分析，构建审计规则，从而进行实时、动态审计，有效提高审计的自动化程度和准确度。

互联网金融审计更具针对性，它可以根据审计方案和审计重点，在设定审计实施规则和审计预警规则的条件下，依照审计发起人的要求，及时对相关数据信息进行审计，从而能够将有限的审计资源集中在重点审计项目和审计事项中，提升审计资源的利用率和工作效率。

（四）自动化特征

传统金融审计多以纸质财务报表数据信息和财务结果作为发起点进行审计，其手工操作比例较高。而互联网金融审计是对交易数据或流程进行实时监测，或在交易发生后的短时间内进行监测，其过程是一种自动化过程。互联网金融审计主要利用大数据分析和云计算技术等互联网技术手段，使审计流程电子化、系统化，能够极大地提升审计效率，降低审计过程中的人为干预和主观性因素。

由于自动化程度的提升，互联网金融审计的审计精度会更高，审计方式也不再采用传统金融审计中的抽样审计方式，更注重对"四流"中各因素的网络关系和交易路径、交易数据的全样本量进行快速、实时审计，快速发现偏差和审计噪点。同时，互联网金融审计利用计算机网络信息技术，能够实现对内部数据源和审计所需外部数据的自动归集与分析，从而避免过多依靠审计对象单方面提供的数据，能够形成全局性的审计，最大限度地减少了审计风险。

第三节 互联网金融审计要素分析

一、互联网金融审计要素

（一）互联网金融审计要素的内涵与类型

审计要素是指构成审计行为的基本因素。与传统金融审计要素不同，互联网金融审计要素主要包括职能要素（审计客体与审计内容）、过程要素（审计方式与审计程序）、数据要素（审计数据范围与审计数据类型）、证据要素（审计线索与审计证据）、技术要素（审计技术与审计模型）和结果要素（审计报告与审计成果）等。具体如图 2-1 所示。

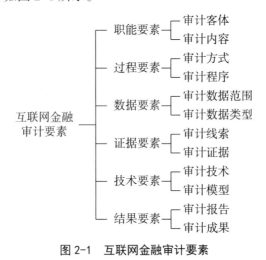

图 2-1　互联网金融审计要素

（二）互联网金融审计客体与审计内容

随着互联网及互联网金融的快速发展，金融业态的参与者已不再单纯由传统的金融机构构成，而是由互联网企业、第三方理财、非金融类的企业或集团构成。金融参与主体的多元化、关联复杂化和网络化，使得单个金融主体置身于不同的金融网络与多个供应链、资金链和信息链中。在实施互联网金融审计时，会面临着对审计客体相对复杂的关系网络的梳理和分析；同时，互联网金融审计客体将不再仅仅是传统的金融机构，而且会拓展到从事和经营金融业务的金融参与主体。

随着互联网金融审计客体的变化，互联网金融审计内容也将发生变化。进行互联网金融审计将不仅仅局限于审计客体自身的财务收支及经营情况，而且会拓展到审计客体的资金流、业务流、物流、信息流的全过程，以及与审计客体紧密关联的其他运营和管理全过程等。较之传统的金融审计，互联网金融审计将能更全面、动态和及时地掌握审计客体的情况，从而能够更准确地发现问题，更好地起到审计、监督作用。

另外，由于互联网金融的去中心化和脱媒化，金融机构在传统金融体系中的功能逐渐被互联网平台渠道所弱化和边缘化，互联网平台作为新型中介，成为消费者与金融机构之间的传导路径和渠道。在这种情况下进行互联网金融审计时，应调整金融审计的范围，须将互联网金融平台纳入审计范围。

针对互联网金融平台的审计，应增加网络行为审计和网络运营安全审计。其中，网络行为审计是指针对经营行为以及与经营行为紧密相关的网络文件传输情况、网络信息沟通频率、网络流量使用分布、网络交易差错率等进行网络行为过程、路径的审计分析，可以获取网络用户通过互联网金融平台所形成的信息沟通和业务经营规律。网络运营安全审计主要是指针对互联网金融平台的系统功能使用、系统安全防护、系统异常故障、网络黑客攻击、网络使用权限记录等系统使用和安全方面的审计分析，寻找出互联网金融平台的系统漏洞，更好地防范系统风险。

（三）互联网金融审计方式与审计程序

中华人民共和国审计署提出，审计工作应实现"从单一的事后审计变为事后审计与事中审计相结合，从单一的静态审计变为静态审计与动态审计相结合，从单一的现场审计变为现场审计与远程审计相结合"这三个转变。

基于大数据技术的互联网金融审计，将使原审计方式从"现场—非现场"模式向互联网金融的"信息化—智能化"模式转化，能够极大地提升互联网金融审计效率和审计能力，使审计结果更具全局性和证明力。

1. 互联网金融审计方式的变化与发展趋势

在审计方式方面，传统的金融审计按照审计计划的安排和部署，主要以现场审计为主，对审计对象的财务收支、经营报告和成果进行审计。其主要问题在于审计时效的滞后性、审计范围的有限性和审计实施的阶段性。

大数据、云计算技术在互联网金融审计技术和方法中的应用，可以使互联网金融审计对审计对象的经营过程全流程、资金流及物流的实时流向、经营环境变化因素等实施动态、全流程的审计，即实现了持续审计。持续审计是现代信息技术与审计相结合和有机交叉的产物。对于具有高度信息化和网络化特点的金融类（银行、证券、保险）企业而言，实施持续审计符合其行业特点，也能够确保更为良好的审计效果。

2. 互联网金融审计程序的变化与发展趋势

在审计程序方面，传统金融审计的审计程序主要为结果导向型，并非过程导向型或风险导向型。其主要为收集资料与数据信息（包括经营管理数据、内部控制系统信息、财务数据及相关文字资料等）、编制审计计划、进驻现场、测试和评估内部控制系统、测试财务报表及反映的经济活动、收集审计证据、整理评价、评估工作底稿、编写审计报告和后续跟踪等。其程序环节节点多，程序路径和实施周期长。

互联网金融审计则多以远程网络化审计为主要方式，可以有效改进传统的审计程序，缩短审计路径，提升互联网金融审计的效率。

（四）互联网金融审计数据范围与数据类型

互联网金融审计的核心是数据，其审计的起点是金融大数据，其结束也是数据。互联网金融审计数据是指针对审计客体（单一或多个）实施审计作业流程时，从中能够发现审计线索、确认审计证据、出具审计结论的金融数据。金融数据的范围包括但不限于审计客体自身的管理信息与数据、业务与经营数据、财务资金数据、物资物流数据，还包括与之紧密关联的司法数据、行业数据、工商数据、税务数据、社会关系数据等。实施互联网金融审计时所需要的金融数据的广度和深度将根据审计客体的业务经营活动，以及与之紧密关联的社会网络、供应链网络来调整。

互联网金融审计数据主要以电子介质形式存在。根据数据特征和属性的不同，可以将其分为结构化数据、半结构化数据和非结构化数据；根据业务特征和属性的不同，可以将其分为资金流数据、物流数据、业务流数据、信息流数据和关系流数据。

互联网金融审计将面对海量的半结构化、非结构化金融大数据，并且需要运用云计算工具及信息处理工具、数据挖掘和处理技术等对金融大数据进行快速处理与分析，准确定位风险线索，制订科学的审计计划，合理调配审计资源，实施主动性、持续性金融审计，确保互联网金融体系的总体安全和持续性健康发展。

（五）互联网金融审计线索与审计证据

实施互联网金融审计时，不仅需要获取审计客体提供的相关经营信息和财务数据、非财务数据信息，也需要主动拓展互联网金融审计数据的范围，获取审计线索和审计证据。

大数据技术在互联网金融审计中的广泛应用，可以使审计人员摆脱传统的凭证式审计，深入审计客体的计算机信息系统底层数据库，获取更多、更全面的内部数据和动态信息，然后通过对底层数据进行分类、加工和处理分析，从而获取全局性、多维度和多视角的不同类型的实用信息。

互联网金融审计信息及数据的收集范围不仅要结合金融客体所处的经济环境、金融环境、产业及行业环境、供应链等外部数据、社会评价和关联信息等，必要时还要收集和分析金融客体中关键人员的社交关系、资金往来关系、行为特征数据和征信数据等关联信息。

互联网金融审计应本着大数据分析思维，将微观大数据结合宏观因素，实施主动性审计，不应是简单地进行事后检查，更多的应是事前与事中的主动预防。互联网金融审计的核心是金融数据分析。实施互联网金融审计时，需要以风险导向审计为理论指导，快速运用大数据分析手段，从海量且复杂的数据中，准确定位审计风险线索，合理配置审计资源并制订实施方案，实现主动式追踪审计，逐步改变传统金融审计的被动审计模式。

（六）互联网金融审计技术与审计模型

当面对海量数据和越来越复杂的审计环境时，传统审计中主要使用的数据抽样、控制测试、实质性测试、穿行测试等技术和方法，已无法适应形势。随着互联网技术和大数据技术被广泛应用于互联网金融审计中，审计技术和审计模型需要随着这种变化而改进，形成大数据条件下的互联网金融审计技术和审计模型。

1.互联网金融审计技术的发展

在抽样技术的适用性方面，传统审计主要采用抽样方法，以"部分"样本的规律和特征来表示"总体"的规律特征。这种方式虽然易行，但会带来或隐藏"以偏概全""以样本推断总体"的审计风险。同时，对审计客体的财务经营状态主要以精确的经营结果数据作为分析依据，从因果关系进行推证，寻找审计线索，而非单纯利用企业的过程数据和动态数据。在大数据环境下，由于海量非结构化金融数据的存在，传统的审计技术从效率性和总体性方面已越来越不能满足现代金融审计的要求。

大数据和云计算技术将为审计人员的审计技术和审计思维带来全新的与根本性的改变。在大数据环境下，审计机构和审计人员收集与获取对审计客体的动态经营数据、非经营数据和关联性数据，构建以审计客体为核心节点的经营网络、资金网络及物流网络等社会网络图谱，通过关联性网络路径分析方法快速定位异常节点和风险节点，进而发现隐藏于海量数据背后的重要信息。

引入基于大数据的全局性审计技术后，能够有效克服抽样技术带来的审计风险，并且能够掌握审计客体的经营信息和非经营信息的全貌，从而更有利于发现审计线索和审计证据。

在未来，以对数据的关联性分析和网络路径分析作为基础的验证将是互联网金融审计的重要特征。

2. 审计模型的设计和应用

大数据技术的发展与应用对互联网金融审计的发展既是一个机遇，也是一个重大挑战。大数据技术在互联网金融审计工作的应用深度和广度，将直接影响互联网金融审计的质量和审计效果，并对审计风险的控制程度有深刻的影响。

在大数据环境下，互联网金融审计模型也将发生相应的变化和调整，其重要目的是在审计模型中应用云计算、统计工具和参数设置等，对已获取的审计客体全量数据进行数据计算、数据挖掘和数据提取，从不同维度对审计客体的资金流、物流、业务流、信息流等的路径和信息规律进行追踪与验证，从中发现审计线索，形成审计证据。

学术界和审计界一直以来在审计模型的算法方面进行了相关探索，如将人工神经网络方法引入金融审计模型，利用风险网格工具构建信息系统审计模型，以及联机分析处理、基于数据挖掘技术的智能审计路径分析模型等，这些研究成果对于互联网金融审计模型的发展起到了基础性作用。未来互联网金融审计模型将向智能仿真方向发展，构建网络化全局式审计模型，其模型的核心是网络路径仿真规则和审计数据算法。

（七）互联网金融审计报告与审计成果

传统审计中的审计报告格式较为固定，内容主要为根据审计客体的经营情况和财务结果描述验证过程与审计结果意见，属于静态评估报告。在互联网环境下，审计范围和审计内容将发生深度与广度的变化，审计成果中除了常规审计报告外，还会包括但不限于基于大数据所得到的数据验证结果、审计对象风险线索和薄弱点、经审计模型优化后的最优产业网络或资金流、物流路径等建议，以便促进审计客体能够更充分地利用审计报告。新的审计报告将能够更全面地体现审计客体的总体情况和动态情况，更能体现出互联网金融审计的作用和价值。

应用基于全局性的审计技术之后，审计人员将能够更加容易地收集和获取审计客体及其相关联的各类数据，可以为审计客体和关联机构（或个人）提供更为翔实与综合的数据证明及关联证明，从而督促审计客体更好地进行整改，正确执行相关政策制度，准确改进经营流程与管理薄弱环节。

另外，互联网金融审计报告数据会以电子化、格式化的形式存在于信息系统中，审计人员可以对审计报告数据进行持续性跟踪和关注；如审计对象已对经营和管理进行整改，其结果会自动反馈和关联至审计报告中，审计人员可以实时查看相关结果。此外，审计人员还可以根据此前的审计报告特点，在对审计客体实施持续审计时更有侧重点，从而进一步提升审计效率和突出审计重点。

二、互联网金融审计环境要素的构建

当前，学术界对于审计环境理论及其构成要素、特点和影响作用的认识并不统一。

加拿大审计学家安德森教授（1977）在对审计理论进行深入研究时，认为审计目标是审计理论结构的逻辑起点，但他同时强调应关注"经济社会的需要，以及建立公认审计准则时职业界应如何觉察出那些需要"（即审计环境）对审计目标会产生何种影响。

英国审计学家大卫·弗林特（1998）在其出版的《审计哲学与原理导论》中提出，审计存在的首要前提是受托经济责任关系或公共责任关系，审计可以产生经济或社会效益等。弗林特指出，审计是依存于社会环境中的一种确保受托责任有效履行的社会控制机制。

我国审计学界也对审计环境进行了深入的研究和认证。张以宽（2007）认为，审计环境是审计科学体系周围情况和条件的总和，是审计存在和发展的空间、赖以生存的土壤，主要由与审计活动有关的政治环境、经济环境、法律环境、科学文化环境，以及社会环境等外部因素构成。黄文媛（2015）认为，审计环境是与审计工作发生联系的各种外部条件的总和。该类观点更侧重外部环境因素，并未考虑审计组织内部环境因素。刘明辉等（2007）深入分析了审计环境的构成，认为审计环境主要包括政治环境、法律环境、经济环境、社会环境、科技创新与发展环境等类型，以及审计组织内部环境。黎克双（2012）提出，审计环境是指与审计的存在、发展紧密相关，并影响审计理论、审计思想、审计实务和审计发展水平的历史因素与客观现实因素的总和，是内部环境因素与外部环境因素的对立统一体。该观点从宏观层面和微观层面、内部因素和外部因素进行了系统性定义，更具有科学性。

总结可知，审计环境是一个动态的历史变化过程，具有空间性特征和时间性特征。审计环境因素及其变化，将会对审计目标的制定、审计程序的实施、审计技术和方法的应用、审计质量和审计风险的评估、审计业务方向的指导产生重要影响与导向性作用，故在实施互联网金融审计时，必须充分考虑审计环境因素和审计环境的变化。

审计环境是影响审计产生、存在和发展，并与审计工作紧密关联的内部因素和外部因素的总和，它实质上是审计能够生存和发展的空间和生态系统。在信息化条件下和互联网时代到来后，我国的金融审计环境发生了很大的变化，主要体现在以下几个方面。

（一）国家和企业所处的政治治理环境

政治治理环境主要是指一国政治秩序的稳定性、政策制度的连续性、国家治理的稳定度和国家安全的安全度等。政治治理环境直接制约和影响国家与企业审计体系的地位和作用、审计模式及审计职能等。

金融审计面对日益复杂的政治治理环境，其职能应根据政治治理环境的变化和紧迫程度进行相应调整与变化。

（二）审计法律与制度保障环境

法律与制度保障环境是指一国法律和制度的完善程度、执法效力与公平性、上层建筑及社会民众的法律意识水平等。互联网金融审计必须依据法律和制度对审计对象实施审计，需要坚实、有效的法律环境和完善的法律体系作为后盾，使其能够充分发挥审计监督和金融安全维护的作用，从而确保审计质量，防范审计风险，切实发挥审计保障国家经济和社会健康运行的"免疫系统"功能。

（三）总体经济环境与金融环境

总体经济环境是指一国在一定时期的生产力发展水平。互联网金融审计是国家对经济发展进行管理、控制和正确引导的重要手段。依据审计环境理论可知，互联网金融审计是经济发展到一定阶段的必然产物，其内涵和职能会随着经济环境的发展变化而变化，具有典型的时间性特征。

金融环境是指一个国家在一定的金融体制和制度下，影响经济主体活动的各种要素的集合。广义上的金融环境是指与金融业生存、发展具有互动关系的各类社会因素、自然因素的总和，它是金融业生存和发展的外在基础；狭义上的金融环境是指微观层面的金融环境，包括法律制度、社会信用体系、中介服务体系等要素，它是金融业发展的内在基础。

随着科技进步和社会的发展，互联网时代和大数据时代的到来，我国的经济发展市场化程度在不断提高，金融环境和金融体制处于变革时期，金融创新及金融国际化趋势日益明显。互联网金融的出现和不断变化，加速了我国传统金融体系和金融模式的巨大变革。正在发生深刻变化的金融环境，给我国金融审计工作的实施带来了巨大的挑战。

（四）科技发展与科技创新环境

技术的不断创新和在金融领域的深入应用，使我国金融审计面临更复杂的网络环境和大数据环境，也带来了技术掌握、技术应用和人员技能方面的挑战。

当前，计算机技术、信息技术、通信技术已经被各行各业广泛应用。与其他行业相比，金融行业的计算机化、网络化和科技化程度是较高的。现代金融企业已成了具有网络化和高科技特征的知识型复杂组织，其金融业务、金融产品和金融服务均紧密依赖于网络和电子化，对数据的要求和需求也更紧迫。

但与此同时，我国互联网金融审计领域在大数据技术的存储、分析能力方面还比较薄弱，在大数据的结果应用方面尚处于探索阶段，全面实现网络化审计和智能型的云审计，还需要从软硬件和设备投入方面、人员素质提升方面继续加大力度。现有金融审计模型必须适应大数据环境的变化，从互联网和大数据思维角度构建模型，实现对大数据的快速提取、调整计算和准确分析，使金融审计工作实现信息化智能审计和云审计，全面改进金融审计体系，提升金融审计工作效能。

（五）社会环境和社会信用环境

社会环境主要包括科学技术水平、社会传统文化、民众的道德素质，以及民众对审计职业的认识、对审计结果公允性和可靠性的看法等。社会信用环境是在信用制度的保障下，通过信用主体的信用行为实施并在一定的信用关系条件下形成的信用规范和信用约束。信用关系作为现代社会生活中一种最普遍的经济关系，蕴含着行为主体守约遵规、信守约定的道德意识及道德规范，体现着行为主体自觉、主动履行承诺或践行约定的道德品质。社会环境和社会信用环境将直接或间接制约我国互联网金融审计的审计方式、审计技术手段、审计配合程度、审计结果的接受程度等。

（六）审计体系与组织内部环境

审计体系与组织内部环境主要包括审计管理结构、内部审计制度规范、审计绩效考核体系、审计资源配置体系、审计保障体系和审计协调机制，以及审计信息技术水平、审计人员素质与审计能力、审计文化等方面。

审计体系与组织的内部环境是审计组织实施审计工作的核心环境和内部基础。内部环境的良好与否直接影响和制约审计组织及审计人员的审计效率和审计效果。

审计体系与组织应注重内部环境中的影响因素，以审计文化和科学的激励机制为引导，以人员素质、能力的提升和先进技术手段的运用为基础，以审计绩效为目标，不断完善制度和保障体系，构建起良好的审计组织体系。

第三章

财务管理与互联网金融审计的信息化发展

第一节　信息技术对财务管理的影响

近年来，随着信息技术的发展，作为企业管理核心的财务管理受到了一定影响，这些影响主要集中体现在两个方面。一方面，信息技术的发展使财务管理面临的环境发生了变化，市场竞争也越加激烈，知识逐渐成为企业最有力的竞争因素，企业管理面临的需求、需要解决的问题、解决问题的条件和方法都随之发生变化，在这样的深刻变革下，企业财务管理的模式也相应地发生了变化，随之而来的就是企业财务管理内容、范围和方法的变化。另一方面，信息技术的飞速发展为企业财务管理提供了更广阔的平台，随着信息技术的发展和成熟，财务管理面临的问题可以有更好的解决途径，企业可以选择的财务管理手段也更为多样化。

一、信息技术对企业财务管理实务的影响

企业财务管理实务指的是企业应用财务管理理论，实现财务决策与财务控制的全过程。信息技术对企业财务管理实务的影响体现在对财务控制手段、财务决策过程和财务管理内容的影响三个方面。

（一）对财务控制手段的影响

传统的企业财务管理是一个较长的过程，这个过程要经历记录、汇总、分析和评价、反馈、修正等各个环节。在传统企业财务管理中，控制过程相对于业务过程有一定的滞后，这就导致企业财务管理职能可能无法充分发挥。而随着信息技术的发展，企业财务管理的控制程序可以与业务处理程序集成，进而实现财务管理的实时控制。

（二）对财务决策过程的影响

1. 信息收集活动发生的变化

随着信息技术的发展，信息收集活动不再是单纯地收集决策所需的各类信息与数据，而是会经历风险评估、约束条件评估、信息获取三个阶段。风险评估要对决策目标及实现决策目标的风险进行合理的估计。约束条件评估则是确定实现该决策目标所受到的各种外部环境的制约，明确为了实现该目标，可以使用的资源有哪些。信息获取则避免了手工数据的整理过程，借助于信息化平台，可以大量获取所需的信息，并依靠数据仓库技术，直接获取有价值的支持决策的信息。

2. 设计活动发生的变化

传统的设计活动是指创造、制订和分析可能采取的方案。而在信息化环境下，这一过程实际上会转变为依靠工具软件或财务管理信息系统建立决策模型的过程。

3. 抉择活动发生的变化

抉择活动是指从众多的备选方案中，按照一定标准选择最优的方案并加以实施。这一过程在信息化环境下可以得到最大程度的优化，利用计算机强大的计算能力，可以模拟方案的执行情况，从而实现最优化决策，大大提高决策的科学性。

4.审查活动发生的变化

审查活动阶段要对决策进行评价，不断发现问题并修正决策。在信息化环境下，这一过程的执行提前到决策执行环节，也就是在决策执行过程中，同时完成对执行情况的跟踪、记录和反馈。

（三）对财务管理内容的影响

对企业个体而言，其主要的财务管理活动主要体现在三个方面，即筹资活动、投资活动和收益活动。相应地，也形成了企业财务管理的主要内容。随着信息技术的发展，它们仍然是企业财务管理的主要内容，但信息技术同时也扩展了财务管理的内容，主要表现在以下三个方面。

一是信息技术促进了企业与相关利益者、银行、税务部门、金融市场之间的信息沟通，财务管理的范围也从企业扩展到相关的利益群体，诸如税收管理、银行结算管理等也成为财务管理活动中重要的一环。

二是信息技术的发展催生了新的管理内容，如集团企业全面预算管理、资金集中管理、价值链企业物流管理等。

三是现代企业在信息技术的支持下形成了连接多个企业的价值链。在完成筹资、投资和收益决策时，企业不再是一个孤立的决策单元，而是价值链上整体决策的一个环节。因此，相关决策将更多地面向价值链整体最优。

二、信息技术对企业财务管理基础的影响

（一）信息技术对财务管理职能的影响

信息技术的发展和成熟强化了财务管理的基本职能，即财务决策职能和财务控制职能。财务决策职能是指在充分考虑企业环境和目标的前提下，选择并实施科学方法，确定适合企业的最佳财务目标。在企业财务管理实践中，筹资、投资和收益分配是财务决策的三个基本方面。信息技术的发展引起了财务决策环境

的变革，这意味着企业进行财务决策时情形更为复杂，也将面临更大风险。在信息化环境下，企业进行各项决策活动都要有一定信息技术的支持，这样才能使决策从感性逐渐转化为理性。财务控制是指在决策执行过程中，通过比较、判断和分析，监督执行过程，并及时进行修正的过程。随着信息技术的发展，企业财务控制职能得到了强化；控制范围得到了很大扩展，可以覆盖企业的各个层面；控制手段也可以借助于信息化平台进行。同时，信息化还使财务控制从事后控制逐渐转化为事前控制、事中控制。

信息技术不仅强化了财务管理的基本职能，还衍生出了派生职能，主要是财务管理的协调职能和沟通职能。在信息化环境下，企业作出的任何一个决策都可能涉及多个部门和领域，因此，必须在财务决策方面作出改变，要尽可能满足企业生产经营提出的要求。例如，企业制订生产计划时要考虑自身的财务计划，并保证二者可以相互配合。也就是说，随着部门间横向联系的加剧，必须有适当的手段实现部门之间、各业务流程之间相互协调和沟通，财务管理将更多地承担起这方面的职能。

（二）信息技术对财务管理的对象的影响

财务管理的对象是资金及其流转。资金流转的起点和终点都是现金，其他的资产都是现金在流转中的转化形式，因此，财务管理的对象也可以说是现金及其流转。信息化环境下，财务管理的对象并没有发生本质变化，对其的影响主要表现在以下两个方面。

1.现金流转高速运行

信息化环境下，现金及相关资产的流转速度加快，面临的风险加剧，必须有合理的控制系统保证企业现金资产的安全和合理配置。

2.现金概念的扩展

信息化环境下，网上银行，特别是电子货币的出现极大地扩展了现金的概念。此外，网络无形资产、虚拟资产的出现，也扩展了现金的转化形式。

（三）信息技术对企业财务管理目标的影响

企业财务管理最具有代表性的目标包括利润最大化、每股盈余最大化、股东权益最大化和企业价值最大化。在信息化环境下，以企业价值最大化作为企业财务管理目标是必然的选择。这是因为企业是各方面利益相关者契约关系的总和，企业的目标是生存、发展和获利。在信息技术的推动下，电子商务开始普及，价值链上各方的联系日益紧密。企业实际上是形成的多条价值链上的节点，单纯追求个体企业的利润最大化或股东权益最大化并不能提升整个价值链的价值，反而会影响企业的长期发展和获利。只有确定企业价值最大化的财务管理目标，才可能实现企业相关利益者的共赢。

三、信息技术对企业财务管理工具的影响

在传统的企业财务管理中，主要依靠手工完成各项财务管理工作，财务管理质量和效率处于较低水平。信息技术的发展极大地丰富了财务管理手段和财务管理工具，也促进了财务管理在企业中的应用。信息技术对企业财务管理工具的影响主要体现在以下三个方面。

1.网络技术提供了更好的解决方案

网络技术不仅扩展了财务管理的内容，而且为财务管理提供了新的手段。传统方式无法实现的集中控制、实时控制都可以依托网络实现。分布式计算技术的应用，为财务决策提供了新的解决方案。

2.数据仓库技术提高了决策效率和准确性

数据仓库的广泛应用改变了传统的决策模式。数据仓库是一种面向决策主题、由多数据源集成、拥有当前及历史数据的数据库系统。利用数据仓库技术可以有效地支持财务决策行为，提高决策效率和准确性。

3.计算机技术提高了数据处理能力

计算机技术的普遍应用提高了财务管理活动中的数据处理能力。利用计算

机技术可以帮助用户完成较为复杂的计算过程，处理海量数据。大量计算机软件的出现，可以帮助用户轻松完成数据的计算、统计、分析和辅助决策等任务。

四、信息技术对企业财务管理方法的影响

（一）简单决策模型向复杂决策模型的转变

传统的财务预测、决策、控制和分析受手工计算的限制，只能采用简单的数学计算方法。在信息化环境下，更多更先进的方法被引入财务管理活动中来，如运筹学方法、多元统计学方法、计量经济学方法，甚至包括图论、人工智能的一些方法也被广泛应用。

（二）定性分析向定量分析和定性分析相结合转变

在传统的财务管理过程中，虽然使用过定量分析，但并没有得到广泛的应用。其主要原因有两个：一是当时的计算工具较为落后，无法满足复杂的数学计算或统计分析的要求，同时缺乏工具软件的支持，使得计算过程难以掌控；二是缺乏数据库管理系统的支持，定量分析所需的基础数据缺乏必要的来源，或者是选择的样本过小，致使得出的结论产生误差。在信息化环境下，数据库管理系统的广泛建立，特别是相关业务处理信息系统的成熟，为财务管理定量分析提供了大量的基础数据。同时，利用工具软件可以轻松地完成各项统计、计算工作，定量分析不再是专业人员才能完成的任务，分析方法也逐渐转变为定量分析和定性分析相结合。

（三）偶然性决策向财务管理系统化的转变

系统论、控制论和信息论是第二次世界大战后崛起的具有综合特性的横向学科。系统及系统工程的思想、方法论和技术在 20 世纪 70 年代末传入我国，并于 80 年代达到鼎盛时期，目前流行的"新三论"，即耗散结构论、协同论和突变论

都是系统论的进一步发展。系统论是研究客观现实系统共同的本质特征、原理和规律的科学。系统论的核心思想是从整体出发，研究系统与系统、系统与组成部分及系统与环境之间的普遍联系。系统是系统论中一个最基本的概念。

财务管理也是一种支持和辅助决策的系统，企业财务管理方法是指企业在财务管理中所使用的各种业务手段，目前主要有财务预测方法、财务决策方法、财务分析方法、财务控制方法等。在很长的一段时间里，财务管理缺乏系统的观点进行分析和设计，往往只侧重于某一指标的获得或独立决策模型的应用。传统的财务管理方法面向独立的财务管理过程，缺乏系统性，需要解决的主要问题是临时性、偶然性的决策问题。在信息化环境下，要求按照系统的观点认识和对待财务决策及财务控制，即作出任何一项决策时，不能仅考虑单项决策最优，而应该更多地考虑系统最优；财务控制不仅考虑对某个业务处理环节的控制，而且要按照系统控制的要求，从系统整体目标出发，自上向下层层分解，考虑控制的影响深度和宽度。

第二节　财务信息化与企业财务管理

财务管理在企业内部的发展中占有重要的地位，我们应根据目前信息技术的发展情况，与企业财务管理内容相结合，提高财务的信息化水平，提高财务管理的效率和质量，带动企业整体的发展。

一、财务信息化对企业财务管理的影响

（一）促进了企业各部门的协调性

财务信息化的发展对企业的财务管理有着重大的影响，信息传递和处理的即时性，能够有效促进企业内部各部门业务的相互协调，从而实现财务业务的普

遍性。在网络技术已经融入生活的现代化社会，在企业内部的财务管理和经营发展中财务信息化已经成为必不可少的一部分，它将企业内部的业务流程和财务信息结合到了一起，并使两者之间相互协调。财务信息化在一定程度上提高了企业管理的质量水平，但是在进行应用的过程当中，也使企业内部的控制重点有了相应的改变，内部控制重点的改变提升了企业的内控风险，从而对企业内部的财务风险管理产生了影响。

（二）提高了企业内部网络计算能力与分析能力

财务信息化对企业财务管理的影响除了表现在可以促进各部门业务之间的协调性之外，还在整体水平上对企业内部的网络计算能力与分析能力进行了提升。随着经济市场和科技市场的不断发展，我国也逐渐迈入了网络时代，网络技术在不断更新的过程中也对我们的生活和生产产生了重大的影响。企业财务进行信息化管理的重要功能之一就是通过网络现实对数据的计算和分析，这也是在财务信息化的背景之下企业财务管理得到提升的前提。我们通过网络信息化技术对企业内部的静态数据进行动态的分析，符合当下经济市场中的发展需要，也对企业的经济发展有促进作用。

（三）实现了企业内部对数据信息的集中化管理

企业对数据信息进行集中化管理是企业经营管理中一个非常重要的环节，在财务信息化的背景下，实现企业对数据信息全方位的管理服务，在互联网的基础上进行对数据信息统一的在线管理，通过科学的方法对各部门的财务信息进行收集、处理，促进企业内部资金规划的健康、合理发展。在目前财务信息化的环境下，大部分企业内部财务数据信息都将依靠网络来实现，极大程度地实现了对企业财务的在线管理，但是我们也要注意管理人员的专业水平程度，要对其进行更专业化的培养。

二、财务信息化在企业财务管理中的发展与要求

（一）完善企业财务管理内部控制

在我们通过科学合理的方法加强企业内部的财务管理，提升企业内部的经济水平的同时，也会引起企业内部控制相应的变化，因此，我们在提高企业内部财务信息化水平时，也要对企业内部控制进行完善。在企业发展中加强财务信息化建设水平时，也要对企业内部控制进行相应的转变，从而提升内部控制的作用。另外，我们也要加强企业财务风险意识和理念，树立起正确的风险观念，并且对其进行准确的评估。

（二）提高管理人员的管理意识

要想通过财务信息化来提高企业财务管理水平和质量，企业的管理层人员需要有先进的财务管理理念，这是促进管理风格进行革新的先导。在企业的经营管理过程当中，管理人员的观念和意识一定程度上决定了企业的经济发展趋势，对企业未来的发展有着重要的影响。因此，要对企业管理者进行一定的新思想和科技观念的教育，对相关的操作人员进行系统的培训，使他们充分意识到在企业财务管理中财务信息化的重要性。

（三）提升员工的专业水平

在财务信息化的背景下，对企业负责财务管理工作的员工的要求也逐渐提升。企业在聘用财务管理人员时要进行择优录取，不能因为人手不足而降低录用要求，要有专业的知识水平和资格证，从根本上提升企业财务管理工作的质量。并且在录用以后，要定期对员工进行专业知识的培训，提高员工的综合素质和能力，以进一步推进企业财务管理中的财务信息化发展。

（四）拓展企业财务管理内容

一般企业的财务管理目标是和经济市场的发展保持一致的，在企业财务信息化不断发展的环境下，无形资产的积累显得越来越重要，其中包含的人力、物力资源也越来越重要。我们在发展中不仅要注重个体或企业自身的经济利益，也要注重与利益主体有关的其他利益。

综上所述，随着我国经济社会的不断发展，财务信息化发展对企业财务管理有重要的影响，对企业未来的经济发展也有积极的推动作用。这对于企业财务管理的发展来说不仅仅是个挑战，更是机遇，要充分发挥财务信息化的作用，迎接挑战，推动企业财务管理更好地发展。

第三节　财务管理信息系统的建设

一、信息系统简介

（一）信息系统的内涵

信息系统是由计算机硬件、网络和通信设备、计算机软件、信息资源、信息用户和规章制度组成的以处理信息流为目的的人机一体化系统。它是一个由人、计算机及其他外围设备等组成的能进行信息的收集、传递、存储、加工、维护和使用的系统。

信息系统也是一门新兴的综合性学科，是计算机科学、管理科学、行为科学、系统科学等学科相互渗透的产物。应用于企业后，其主要任务是最大限度地利用现代计算机及网络通信技术加强企业的信息管理，通过对企业拥有的人力、物力、财力、设备、技术等资源的调查与了解，及时获取准确的数据，加工处理并编制成各种信息资料及时提供给管理人员，以便他们进行正确的决策，不断提高企业的管理水平和经济效益。企业信息系统的构建已成为企业进行技术改造及提高企业管理水平的重要手段。

（二）信息系统的类型

从信息系统的发展和系统特点来看，主要可分为数据处理系统（Data Processing System，DPS）、管理信息系统（Management Information System，MIS）、决策支持系统（Decision Sustainment System，DSS）、专家系统 [人工智能（Artificial Intelligence，AI）的一个子集] 和办公自动化（Office Automation，OA）五种类型。信息系统的主要类型和描述见表 3-1 所示。

表 3-1　信息系统的主要类型和描述

类型名称	简称	描述
数据处理系统	DPS	数据处理系统是指运用计算机处理信息而构成的系统。其主要功能是将输入的数据信息进行加工、整理，计算各种分析指标，变为易于被人们接受的信息形式，并将处理后的信息进行有序储存，随时通过外部设备输送给信息使用者。 它是一套通用多功能数据处理、数值计算、统计分析和模型建立软件，与目前流行的同类软件比较，具有较强的统计分析和数学模型模拟分析功能
管理信息系统	MIS	管理信息系统是一个以人为主导，利用计算机硬件、软件、网络通信设备以及其他办公设备，进行信息的收集、传输、加工、储存、更新和维护，以企业战略竞优、提高效益和效率为目的，支持企业的高层决策、中层控制、基层运作的集成化的人机系统。 管理信息系统由决策支持系统、控制系统、办公自动化系统以及数据库、模型库、方法库、知识库和企业与外界信息交换的接口组成
决策支持系统	DSS	决策支持系统是信息系统应用概念的深化，是在信息系统的基础上发展起来的系统。简单地说，决策支持系统是能参与、支持人的决策过程的一类信息系统。它通过与决策者的一系列人机对话过程，为决策者提供各种可靠方案，检验决策者的要求和设想，从而达到支持决策的目的。 决策支持系统一般由交互语言系统、问题系统与数据库、模型库、方法库、知识库及其管理系统组成。在某些具体的决策支持系统中，也可以没有单独的知识库及其管理系统，但模型库和方法库通常是必需的。由于应用领域和研究方法不同，导致决策支持系统的结构有多种形式。 它强调的是对管理决策的支持，而不是决策的自动化，它所支持的决策可以是任何管理层次上的，如战略级、战术级或执行级的决策
专家系统	AI	专家系统是早期人工智能的一个重要分支，它可以看作一类具有专门知识和经验的计算机智能程序系统，一般采用人工智能中的知识表示和知识推理技术来模拟通常由领域专家才能解决的复杂问题。 它是一个具有大量的专门知识与经验的程序系统，因此也被称为基于知识的系统。 它应用人工智能技术和计算机技术，且必须具备三个要素：领域专家级知识、模拟专家思维、达到专家级的水平

类型名称	简称	描述
办公自动化	OA	办公自动化是将现代化办公和计算机网络功能结合起来的一种新型的办公方式。办公自动化没有统一的定义，凡是在传统的办公室中采用各种新技术、新机器、新设备从事办公业务，均属于办公自动化的领域。 通过实现办公自动化，企业可以优化现有的管理组织结构，调整管理体制，在提高效率的基础上，增加协同办公能力，强化决策的一致性，最后实现提高决策效能的目的

（三）信息系统的基本功能

信息系统应具有输入、存储、处理、输出和控制等五个基本功能，具体见表 3-2。

表 3-2　信息系统基本功能的描述

功能名称	功能描述
输入功能	信息系统的输入功能取决于系统所要达到的目的，以及系统的能力和信息环境的许可
存储功能	存储功能指的是系统存储各种信息资料和数据的能力
处理功能	基于数据仓库技术的联机分析处理和数据挖掘技术
输出功能	信息系统的各种功能都是为了保证最终实现最佳的输出功能
控制功能	对构成系统的各种信息处理设备进行控制和管理，对整个信息加工、处理、传输、输出等环节通过各种程序进行控制

（四）信息系统的层级结构

国际标准化组织在 1979 年提出用于开放系统结构的开放系统互连（Open System Interconnection，OSI）模型，这是一种定义连接异种计算机的标准体系结构。OSI 参考模型有物理层、数据链路层、网络层、传输层、会话层、表示层和应用层等七层。

单个信息系统存在一般意义的层次模型为物理层、操作系统层、工具层、数据层、功能层、业务层和用户层。一般而言，信息系统的结构模式有三种，即集中式结构模式、客户机/服务器（C/S）结构模式和浏览器/服务器（B/S）结构模式。

信息系统一般由基础设施层、资源管理层、业务逻辑层和应用展现层构成。具体层级结构和描述见表 3-3。

表3-3 信息系统的层级结构和描述

层级名称	层级描述
基础设施层	由支持计算机信息系统运行的硬件、系统软件和网络组成
资源管理层	包括各类结构化、半结构化和非结构化的数据信息，以及实现信息采集、传输、存取和管理的各种资源管理系统，主要有数据库管理系统、目录服务系统、内容管理系统等
业务逻辑层	由实现各种业务功能、流程、规则、策略等应用业务的一组信息处理代码构成
应用展现层	通过人机交互等方式，将业务逻辑和资源紧密结合在一起，并以多媒体等丰富的形式向用户展现信息处理的结果

（五）信息系统的组成

信息系统主要包括计算机硬件系统、软件系统、网络系统和数据库系统等，具体见表3-4。

表3-4 信息系统的组成

组成类型	组成描述
硬件系统	硬件系统是信息系统的运行平台，主要包括网络平台、计算机主机和外部设备。其中，网络平台是信息传递的载体和用户接入的基础
软件系统	软件系统主要包括系统软件和应用软件。其中，系统软件是为管理、控制和维护计算机及其外设，以及提供计算机与用户界面的软件，包括各种计算机语言及其汇编、编译程序、监控管理程序、调试程序、故障检查和诊断程序、程序库、数据库管理程序、操作系统等。应用软件是为了某种特定的用途而被开发的软件，它可以是一个特定的程序，或一组功能关联紧密、相互协作的程序的集合，也可以是由众多独立程序组成的庞大软件系统
网络系统	计算机网络系统是将分布于不同地理位置的计算机、计算机系统和其他网络设备利用网络介质进行连接，以网络软件实现信息互通和网络资源共享的系统。计算机网络包括网络介质、协议、节点、链路等。根据通信系统的传输方式，计算机网络的拓扑结构可分为点对点传输结构和广播传输结构两大类；根据通信距离，可分为局域网和广域网两种
数据库系统	数据库系统主要包括数据集合、硬件、软件和用户四个部分。按数据模型的特点可将数据库分为层次模型、网状模型、关系模型三类

二、财务管理信息系统的基本概念

（一）财务管理信息系统的定义

按照管理信息系统的划分方式，可以将传统的信息系统分为事务处理系统、管理信息系统、决策支持系统和人工智能／专家系统四个层次。

事务处理系统负责完成企业活动中基本事件的信息记录和存储，管理信息系统负责完成信息的整理、合并和简单的分析，决策支持系统负责面向企业高层提供辅助决策的相关信息，而人工智能／专家系统则根据所掌握的信息及时作出反馈并进行管理和控制。完整的财务管理信息化实际上实现了决策支持系统和人工智能／专家系统在财务管理方面的有机集成。不仅要求根据管理信息系统提供的数据生成辅助决策的信息，更要求通过系统控制实现对财务的管理和控制过程的集成。

当前理论界并没有对财务管理信息系统的定义形成一个统一的认识和说法。从系统论的角度出发，财务管理信息系统的定义应该包括财务管理信息系统的功能、财务管理信息系统的构成要素和财务管理信息系统的目标。

第一，财务管理信息系统的功能可以概括为财务决策和财务控制两个方面，它们是现代财务管理活动最基本的职能，其他的职能都可以理解为是这两个职能的派生。

第二，财务管理信息系统的构成要素包括信息技术、数据、模型、方法、决策者和决策环境。

第三，财务管理信息系统的目标服从于企业财务管理的目标，即企业价值最大化。但财务管理信息系统对企业价值最大化这一目标的支持是通过决策支持来体现的，因此，可以将财务管理信息系统的目标定位于支持实现企业价值最大化的决策活动。与传统的信息系统不同的是，财务管理信息系统的终极目标不是单纯地提供信息，而是支持决策活动和控制过程。

按照以上分析，可以将财务管理信息系统定义为基于信息技术和管理控制环境，以支持实现企业价值最大化的财务决策活动为目标，由决策者主导，获取决策所需数据，应用数学方法构建决策模型，完成财务决策过程，将决策转化为财务控制，并对业务活动加以控制的管理信息系统。

在很长一段时间里，人们并未认识到财务管理信息系统的应用意义，也曾提出了"理财电算化""会计电算化"等概念，即利用工具软件建立财务管理分析模型。"理财电算化"的概念还容易产生误解，会让人以为财务管理的信息化过程仅仅代表计算机在财务管理中的应用。财务管理信息系统概念的提出有助于厘清这些容易混淆的概念，从而按照系统论的思想构建财务管理信息系统。而且，随着信息化水平的逐渐提高，建立系统化的财务管理信息系统的条件也已经成熟。

（二）财务管理信息系统的特点

从财务管理信息系统的定义可以看出，财务管理信息系统的特点主要表现在以下几个方面。

1. 开放性和灵活性

为了适应多变的决策环境和企业不同的财务管理模式，财务管理信息系统必须具有高度的开放性和灵活性。具体表现在：一是财务管理信息系统应支持异构网络、支持不同的数据库管理系统；二是允许用户自定义决策过程和控制流程，实现企业财务管理的流程重组和构建；三是具有较强的可扩展性和可维护性，支持动态财务管理过程。

2. 决策者主导性

在层级较低的信息系统中，如事务处理系统中，信息系统可以实现高度的自动化处理。但在财务管理信息系统中，由于其面向企业管理层服务，决策活动中不可避免地存在大量的分析、比较和智能化的处理过程，因此，决策者将是财务管理信息系统的主导。同时，财务管理信息系统是以用户需求为驱动的，必须将信息系统的主导权交给信息需求者。

3. 动态性

财务管理活动受到财务管理环境的影响，而管理环境是不断发展变化的。企业战略的不同决定着企业财务决策策略和控制策略存在着较大的差异，比如，市场领导者和市场追随者会选择不同的企业战略，进而影响企业财务管理决策策略和控制策略。因此，财务管理信息系统并没有标准化的流程，各企业间可参照性较弱，这也就决定了财务管理信息系统是一个动态性较强的系统，必须随着企业的成长与财务管理环境的变化不断发展和完善。

4.与其他管理信息系统联系紧密

财务管理信息系统是企业信息化系统中的重要组成部分，且与其他管理信息系统联系紧密。首先，财务决策所需的基础数据，如近期数据和历史数据均来自相关的信息系统，财务管理信息系统必须实现和其他业务信息系统的集成或数据共享；其次，财务控制的执行依靠各业务处理子系统来完成，必须有足够的能力保证财务计划、指标、预算和各项控制措施"嵌入"信息系统，并最终发挥实际的控制作用。

（三）财务管理信息系统运行的基本流程

财务管理信息系统运行的基本流程包括财务管理决策环境分析、财务管理决策制定、财务管理决策实施和财务管理控制评价。它们基于共同的企业环境和信息技术环境，相互联系且形成基本的财务管理信息系统运行模式。

1.财务管理决策环境分析

财务管理决策环境分析环节主要完成财务管理决策风险评估，确定决策目标，并明确财务管理决策所面临的约束条件，识别达到决策目的的关键步骤。这一环节是财务管理决策的准备环节。在信息化环境下，借助于信息技术平台可以获得相应的信息，并把这些信息引入决策过程。

2.财务管理决策制定

财务管理决策制定环节完成决策模型的构建过程，通过决策模型调用模型计算方法，获取决策所需的数据，然后在众多的方案中，通过模型比较分析确定最佳的解决方案，并根据方案生成计划、指标和控制标准。

3.财务管理决策实施

财务管理决策实施环节主要是编制预算与实际配置资源，随时记录决策执行过程，包括执行进度、预算执行情况、资源消耗情况，并随时进行反馈和比较。

4.财务管理控制评价

在财务管理控制评价环节，若评价结果与预期控制指标有偏差，则应分析该偏差产生的原因。若属于系统误差，则要考虑执行计划编制是否有误；若不属于系统误差，则需要调整具体的执行过程；若进一步判断属于决策失误，则需要重新进行决策；若决策正确，而执行仍然存在偏差，则需要对决策环境重新评估。

在实际的财务管理信息系统中，第三环节和第四环节往往集成于具体的业务处理系统中，财务管理信息系统具备和业务处理系统的数据接口或共享的集成化控制平台，从而保证了财务管理信息系统职能的发挥。

三、按体系构建网络财务管理信息系统

（一）网络财务的实施

1.网络财务的实施途径

（1）网络财务软件。网络财务软件是指基于网络计算技术，以整合实现电子商务为目标，能够提供互联网环境下的财务管理模式、财会工作方式及其各项功能的财务管理软件系统。

（2）网上理财服务。网上理财服务是指具备数据安全保密机制，以专营网站方式在网上提供的专业理财服务。网上理财服务的具体体现是网上自助式软件的应用，它是活动服务主页（Active Sever Page，ASP）的一种重要服务方式。

2.网络财务的实施方案

首先，根据企业自身的实际情况进行需求分析，确定到底要利用网络财务管理信息系统完成哪些工作。其次，根据企业需求进行网络方案设计。目前常用的高速网络技术有快速以太网、FDDI分布式光纤数据接口、ATM异步传输模式、千兆位以太网。网络财务还是一个新兴的领域，其实现没有固定的模式，因此，要依据企业的不同情况"量体裁衣"。

（二）网络财务安全

只有保证网络系统的安全才能以此为基础促进网络财务的不断发展和完善。网络财务使原来的单一会计电算化系统变成一个开放的系统，而会计业务的特点又要求其中的许多数据对外保密，因此，安全就成为备受用户关注的问题。由于财务涉及资金和企业机密等，任何一点漏洞都可能导致大量资金流失，应对其传递手段和储存工具严格要求，要从技术和法律上为它创造一个安全的环境，抵抗来自系统内外的各种干扰和威胁。例如，在技术上加强对网上输入、输出和传输信息的合法性、正确性控制，在企业内部网与外部公共网之间建立防火墙，并对外部访问实行多层认证；在网络系统中积极采用反病毒技术；在系统的运行与维护过程中高度重视计算机病毒的防范，以及采取相应的技术手段与措施；及时做好备份工作。其中，备份是防止网络财务系统发生意外事故最基本、最有效的手段，包括硬件备份、系统备份、财务软件系统备份和数据备份四个层次。发展适合网络财务的新技术是网络财务发展的基础。

另外，从立法角度来看，为了保证网络财务安全应该建立健全电子商务法律法规，规范网上交易、支付、核算行为，并制定网络财务准则。此外，还必须有第三方对安全进行确认，即建立网络安全审计制度，由专家对安全性作出相应评价。

（三）网络财务管理信息系统

1.网络财务管理信息系统的发展

随着科学技术的进步，会计数据处理技术不断发展变化，经历了从手工处理到机械处理，再到计算机处理的发展过程，财务管理信息系统也随之经历了从手工财务管理信息系统到机械化财务管理信息系统，再到电算化财务管理信息系统的发展过程。

电算化财务管理信息系统可以在很大程度上提高会计效率。具体来说，电算化财务管理信息系统是指以计算机为主的当代电子信息处理技术为基础，充分利用电子计算机能快速、准确地处理数据的特性，用计算机代替手工进行会计数据处理，并部分代替人脑运用财务信息进行分析、预测和决策等的财务管理信息系统。

20世纪70年代末，我国财会工作者将计算机应用于会计工作，并由此提出了"会计电算化"这一具有中国特色的会计术语，其实质就是电算化财务管理信息系统。需要指出的是，当时的电算化财务管理信息系统仅仅是将人、纸质凭证、算盘等构成手工财务管理信息系统的要素改变成了人、磁介质数据、计算机等，仅仅是用计算机代替了人脑的计算、储存，并没有突破财务部门内部的范围，并未实现与其他部门及企业的连接，还是一种封闭式的工作方式，"信息孤岛"问题较为突出。从20世纪90年代开始，一方面，计算机技术从单机逐渐向局域网及互联网方向发展；另一方面，企业已不再满足于电算化核算，而是希望进一步实现财务控制、管理和决策支持的计算机化，网络财务管理信息系统也就应运而生了。

随着网络的不断发展，电算化财务管理信息系统也得到了一定发展，并以此为基础形成了网络财务管理信息系统。网络财务管理信息系统是基于电子商务背景，以网络计算技术为依托，集成先进管理思想和理念，以人为主导，充分利用计算机硬件、软件、网络基础设施和设备，进行经济业务数据的收集、传输、加工、存储、更新和维护，全面实现各项会计核算及财务管理职能的计算机系统。一方面，网络财务管理信息系统对外可安全、高效、便捷地实现电子货币支付、电子转账计算和与之相关的财务业务电子化，对内可有效地实施网络财务监控和管理系统。另一方面，网络财务管理信息系统是一个可对物流、资金流和信息流进行集成化管理的大型应用软件系统。

2.网络财务管理信息系统的构成要素

网络财务管理信息系统是一个人机系统，它不但需要硬件设备和软件的支持，还需要人按照一定的规程对数据进行各种操作。网络财务管理信息系统的构成要素与电算化财务系统相同，包括数据、硬件和软件、规程及人员，只是在具体内容上更为丰富。具体内容有如下几点。

（1）数据。网络财务管理信息系统的数据来自企业内部和外部的多个渠道，主要包括：外部环境数据，如宏观经济数据、消费者偏好数据等；外部交易数据，即企业与其他企业或个人发生的经济业务，如采购业务和销售业务所产生的数据；内部业务数据，如发放工资、产成品入库等数据；会计核算数据，如往来业务核算、成本核算、期间费用核算等数据。

（2）硬件和软件。网络财务管理信息系统主要由服务器、工作站、移动终端及其他办公设备通过网络通信设备联网组成，这些设备就是系统硬件。而网络财务管理信息系统的硬件要发挥作用，必须有一套与硬件设备匹配的软件支持。网络财务管理信息系统的软件包括系统软件和应用软件。系统软件是指管理、监控和维护计算机资源的软件，包括操作系统软件、通信软件、数据库管理软件和系统实用软件等。应用软件是指为了解决用户的实际问题而设计的软件，如通用网络财务管理信息软件和专用网络财务管理信息软件。

（3）规程。网络财务管理信息系统的规程包括两大类：一类是政府的法令、条例等；另一类是维持系统正常运转所必需的各项规章制度，如岗位责任制度、操作管理制度、软硬件维护制度、安全保密制度等。

（4）人员。网络财务管理信息系统的核心人员包括两类：一类是系统开发人员，包括系统分析员、系统设计员、系统编程和测试人员等；另一类是系统的使用人员，包括系统管理员、系统维护人员及系统操作人员等。除此之外，向系统提供信息的各种人员，如供应商、客户、政府主管部门人员及分析师等也是网络财务管理信息系统不可缺少的运行要素。

3. 网络财务管理信息系统的主要特点

（1）强大的远程处理能力。网络财务软件从设计到开发应用都定位在网络环境的基础上，使得跨地区、跨国界的财务核算、审计、管理和贸易成为可能。同时，网络化管理将使企业的各种财务信息得到快速、便捷的反映，最终实现财务信息的动态实时处理和财务的集中式管理，以及便捷的远程报账、远程报表查看、远程查询和审计。

（2）高效率的集中式管理。互联网的出现，使集中式管理成为可能。

（3）与现代信息技术的高度融合。网络财务管理信息系统按信息处理的要求，充分利用现代信息技术，对企业的会计工作流程、方式和方法进行了重新构建，以适应企业瞬息万变的管理要求。

（4）高度实时化的动态核算系统。传统会计是一个静态的、事后反映型的核算系统，而网络财务的发展将改变这一历史，网络财务管理信息系统变传统的事后静态核算为高度实时化的动态核算。

（5）与业务管理系统的高度协同。网络财务管理信息系统包括与企业内部的协同、与供应链的协同、与社会相关部门的协同。

4.网络财务管理信息系统使用者的需求

在网络环境下，信息使用者对财务信息提出了新的需求。网络财务管理信息系统应能满足信息使用者的以下需求。

（1）信息可定制性。系统可以根据信息使用者的要求，从不同的角度提供个性化的财务信息。

（2）信息实时性。系统能根据信息使用者的要求实时披露财务信息。

（3）信息共享性。通过网络获取财务信息，可使得财务信息的再利用更加方便，可提高信息利用效率，减少信息不对称性。

（4）信息多样性。系统在内容上应能提供使用者想知道的财务的和非财务的、定量的和定性的信息；在计量属性上，应从单一的历史成本计量属性到历史成本、现行成本、可变现净值等多重计量属性并存；在列表形式上，应从单一信息媒体到文、图、音、像等多种信息媒体并存。

（四）网络财务报告

1.网络财务报告的内涵及层次

网络财务报告的内涵处于动态变化状态，会随着环境变化和技术发展而不断变动。在现有技术条件下，网络财务报告是指企业通过网络披露企业各项经营业务与财务信息，并将反映企业各种生产经营活动和事项的财务报告存储在可供使用者随时查阅的数据库中，供使用者查询企业的财务状况、经营成果、现金流量及其他重要事项。

网络财务报告可分为以下三个层次。

（1）按需定制的财务报告。这是网络财务报告的高级阶段，是指以披露通用目的财务报告为基准，进一步披露企业经过编码的经济事项源数据。可根据用户的选择自动定制用户所需的财务报告。随着可扩展商业报告语言分类体系构建完毕，该类报告经过测试并广泛投入使用，定制报告模式也成为现实。

（2）实时财务报告。实时财务报告是指整个会计循环通过网络自动完成，从原始数据的录入到数据处理，再到生成财务报告，都通过联网的计算机来完成。在这一阶段，用户可随时获得实时报告信息。

（3）在线财务报告。在线财务报告是指企业在国际互联网上设置网站，向信息使用者提供定期更新的财务报告。

2. 网络财务报告的新模式 XBRL

可扩展财务报告语言（EXtensible Business Reporting Language，XBRL）是一种基于可扩展标记语言（EXtensible Markup Language，XML）框架，专门为企业编制和发布网络财务报告而服务的计算机语言。有了 XBRL 就能够实现按需定制的目标，也能整合财务信息供应链上各方的利益。微软是第一家以 XBRL 格式进行财务报告的高科技公司。使用者可以使用 XBRL 在线数据库进行数据分析。目前，我国深圳证券交易所和上海证券交易所已使用 XBRL 格式进行财务报告的编制。在两大证券交易所网站上，信息使用者都可以直接获取多样化的财务报告，可以进行财务指标分析、数据查询、财务信息分析，从而满足使用者多样化的需求，对其进行正确决策起到很大的帮助作用。

基于 XBRL 的网络财务报告具有以下几个显著特点。

（1）可以允许使用者跨系统平台传递和分析信息，降低信息重新输入的次数。

（2）以标准化的标记来描述和识别每个财务信息项目，即为每个财务项目定义标记（Tags），使财务报告的编报标准趋向统一。

（3）无须改变现存的会计规则，也无须企业额外披露超出现有会计规则要求的信息，只是改进了编制、分析与发布企业报告信息的流程。

（4）可以编制、发送各种不同格式的财务信息，交换与分析财务报表中所含的信息。

3.XBRL 网络财务报告的信息披露

按照财务信息披露的规则，XBRL 科学分解财务报告的内容，使其成为不同的数据元，再根据信息技术规则给数据元赋予唯一的数据标记，从而形成了标准化规范。以这种语言为基础，通过对网络财务报告信息的标准化处理，可以将网络财务报告中不能自动读取的信息转换为一种可以自动读取的信息，大大方便了对信息的批量需求和批量利用。

XBRL 网络财务报告的信息披露包括以下几个层次。

（1）第一层次是对传统会计报表内容进行披露，包括资产负债表、损益表、现金流量表及其附注。

（2）第二层次是对传统会计报表以外的财务报告进行披露。如设立专用报告专区，针对不同的使用者或使用者集团进行披露。考虑到不同类型使用者之间的信息差别，应有选择地和重点地针对特定使用者披露特殊信息，提供内容（或时间）上有差别的报告。

（3）第三层次是对一些在传统会计报表基础上扩展出来的信息进行披露。如对在企业的生存与发展中占举足轻重地位的智力资源信息或类似的知识资本进行披露；对不符合传统会计要素定义与确认的标准，且不具有实物形态的衍生金融工具信息进行披露。

（4）第四层次是对一些非财务信息进行披露。非财务信息是指诸如企业背景、企业关联方信息、企业主要股东、企业债权人及企业管理人员配备的信息。为了增加企业信息的透明度、增加受托责任与诚信度，还要对具体的企业信息进行披露，如战略、计划、风险管理、薪酬政策等信息。

（5）第五层次是对以多媒体技术在企业网站上提供股东大会、董事会或其他重要会议的现场纪实的录像或录音等信息的披露。在网站上进行多层次信息的披露，除了应提供当年的信息数据外，为了满足信息使用者的需要，还可以提供历史的数据，其内容也以多层次的信息模式为依据。

运用 XBRL 可以有效地提高信息披露的透明度，解决信息不对称的情况，同时还可以在很大程度上提高财务报告信息处理的效率和能力。它的应用必将会给我国财务报告的披露带来历史性的变革，成为企业财务报告的发展趋势。

（五）网络财务成本控制

网络财务软件可全面归集成本数据，具有成本分析、成本核算、成本预测的功能，可以很大程度上满足会计核算的事前预测、事后核算分析的需要，还可以分别从总账、工资、固定资产、成本系统中取得各种成本费用数据。

成本管理模块可以从存货核算、工资管理、固定资产管理和总账中自动提取成本数据。每个成本的期间数据都会同步自动产生。在成本计划方面，可以编制全面的成本计划，待成本核算工作结束后，针对此计划的成本差异分析结果就会自动产生。在成本预测及分析方面，可以作出部门成本预测和产品成本预测。

（六）网络审计

随着信息技术的不断发展，财务信息存储的电子化、网络化，财会组织部门的扁平化，内部控制形式的变化等使得对审计线索、审计技术、审计方法、审计手段、审计标准，以及对审计人员的知识结构、技能的要求发生了重大的变化。网络审计将成为在网络财务环境下进行审计工作的必然趋势。网络审计面对的企业内部环境是集成化的信息系统，它的合理性、有效性、安全程度直接影响到审计工作的质量和效率，如硬件设备的稳定性、兼容性，软件本身质量的高低及对企业实际情况的适应性等。而这些又受技术和人为的诸多因素影响，即审计环境中的不确定因素增加了，从而增加了审计的风险。

利用网络通信系统，建立网络化的审计机制，可实现账簿文件的在线式随机审计，即管理层或审计机构可以通过网上授权，提取被审计单位的会计信息，审计经营单位财务数据的真实性和有效性。这种机制对各经营单位产生了严格的制约作用，可更加有效地防范经营单位弄虚作假、推迟做账等。实现联机方式下的在线式的随机审计，可加强监管力度，减少审计过程中人为因素的干扰，而且审计的时点可由审计人员随机决定，无须事先通知被审计单位，这大大降低了监管成本。网络审计目前还只是起步阶段，对许多问题尚无很好的解决办法，如财务数据结构的不统一等，但网络审计是未来的发展方向，这是不容置疑的。

第四节　互联网金融审计信息系统构建思路

一、我国的审计信息化系统建设——金审工程

金审工程是中国国家审计信息化建设项目的简称。2002年7月，国家发展和改革委员会批复了审计署申请的金审工程一期项目，成为列入国家基本建设投资计划的第一个电子政务建设项目。2002年8月，中共中央办公厅、国务院办公厅《关于转发〈国家信息化领导小组关于我国电子政务建设指导意见〉的通知》（中办发〔2002〕17号）确定，金审工程列为国家电子政务重点启动的12个重要业务系统之一。金审工程是国家审计机关全面贯彻落实国家关于科技强审的要求，加强审计技术方法创新，充分运用现代信息技术开展审计，提高审计质量和效率的具体体现，也是《"十四五"国家审计工作发展规划》的一个重要工作事项。

金审工程的总体目标是建成对财政、银行、税务、海关等部门和重点国有企事业单位的财务信息系统及相关电子数据进行密切跟踪，对财政收支或者财务收支的真实、合法和效益实施有效审计监督的信息化系统。

2005年11月，金审工程一期建设项目通过了竣工验收。2012年7月，经专家组综合评定和验收委员会讨论，金审工程二期建设项目也顺利通过了竣工验收。目前，金审工程三期正在加紧建设当中。金审工程三期的全面部署，标志着金审工程的全面落实。金审工程三个建设阶段审计工作网络及相关基础设施的建

设，实现了自主知识产权数字化审计手段，以及全国审计业务一体化、数字化、信息化能力支撑，为实现全国审计"一盘棋"提供了技术环境条件。

二、构建互联网金融审计信息系统的必要性

2014 年 10 月，《国务院关于加强审计工作的意见》中明确提出"加快推进审计信息化"建设的总体要求，主要包括推进有关部门、金融机构和国有企事业单位等与审计机关实现信息共享，加大数据集中力度，构建国家审计数据系统。

随着我国信息化建设的不断发展，我国积极推进审计信息化建设，在审计信息化方面取得了巨大成就，基本确立了审计信息化框架，形成了计算机审计和信息化管理人才体系，大幅提升了审计监督的效能。

2015 年 12 月，全国审计工作会议上提出了相关工作部署：一是"动起来"，即推动数字化审计指挥平台、大数据综合分析平台、审计综合作业平台、模拟仿真实验室和综合服务支撑系统的构建，国家和省级审计数据系统的构建；二是"联起来"，即推进上下级审计机关之间的网络互联、审计机关与审计现场之间的信息共享，推进实时监控、动态监测的联网审计，依靠科技手段实现全覆盖；三是"用起来"，即广泛运用数字化审计方式，归集数据、分析数据、查找疑点、综合提炼，为现场审计"升级""导航"，大幅提高审计的精准度和时效性。

近年来，根据我国经济发展和金融改革的需求，政府审计的审计范围在不断扩大，审计内容和审计对象也越来越复杂。目前，审计业务分类包括预算执行、海关审计、税收审计、金融审计、企业审计、社保审计、固定资产投资审计、资源环保审计、外资运用审计、经济责任审计、境外审计等 12 个大项，44 个小项。其中，金融审计包括商业银行审计、证券公司审计、保险公司审计、政策性银行审计、政策性保险公司审计和其他金融机构审计等六大类。

在互联网金融条件下，传统金融机构经营的金融业务种类将越来越多，其业务难度也越来越大，而更多的非金融机构也进入互联网金融业态，与传统金融机构形成了新的金融生态。新的互联网金融生态主要以信息流、商流、物流和资金流为主。同时，互联网金融的机构和业务具有跨界性、交叉性与复杂性。针对互

联网金融的金融审计具有大数据特性、信息流特性、动态持续特性和自动化特性，传统金融审计主要以审计对象机构属性类型作为审计实施划分的方式将不能满足互联网金融审计的要求。

为审计机构和审计人员构建具有互联网特点与大数据特性的互联网金融审计信息系统是非常有必要的。

三、构建互联网金融审计信息系统的重要作用

（一）完善金融监管体系、实施动态持续金融风险监管的需要

互联网金融是我国新金融生态的重要组成部分，发挥着日益重要的作用。而同时由于传统金融风险和互联网风险的非线性叠加，使得互联网金融风险是一种更具有影响性、未知性的新金融风险，这种金融风险属于系统性金融风险。故将互联网金融风险纳入金融监管体系和实施金融风险预警，是发挥金融审计综合性优势、提升金融审计宏观性作用的需要。

有效的金融监管，应是保持对整个金融体系的动态、预警、连续的监管，保持整个金融体系的相对稳定。互联网金融审计信息系统的构建是对新型金融审计对象实施动态、持续性审计和监测的基础。通过构建金融审计数据库、审计线索与审计路径模式库、审计案例数据库、审计法规数据库、审计方法和技术库、审计预警规则库等，对"四流"进行动态监测，可以对审计对象实现互联网金融风险的实时预警和动态监测，提升金融审计的科学性和有效性。

（二）打通金融数据路径、实现全局性金融监管的需要

目前，我国金融业实行"分业经营、分业监管"模式，依不同金融机构的属性和业务属性进行金融审计，而商业银行、证券机构和保险机构各自拥有自身的业务信息系统与风险管理系统，系统架构和数据库结构千差万别，"数据孤岛"现象严重。

通过构建互联网金融审计信息系统，可以进一步促进金融审计数据的大集中，打破机构属性和业务属性壁垒，构建成跨机构、跨行业、跨地域的"金融审计大数据中心"；可以推进整个新金融生态体系在金融业务系统和风险管理系统接口方面的标准化、规范化，打破各自为政的系统属性和数据属性壁垒。同时，利用标准化的互联网金融审计体系实现以"四流"为审计对象的新金融审计模式，能够及时发现和快速预警系统性金融风险。

互联网金融审计信息系统的构建，将充分发挥金融审计的综合性职能优势，实现对金融业态的全局性监管，有效地提升金融审计对于国家经济和金融的宏观保护性作用。

（三）构建互联网金融审计信息系统的基础条件

我国推进审计的计算机信息化和实施的一系列工程与专项活动不仅推进了我国审计信息化硬件基础设施的总体建设进度，还极大地改善了计算机审计和联网审计的软件环境与网络环境，有效地提高了审计人员的计算机应用水平和审计专业素质。以 AO 系统（现场审计实施系统）和 OA 系统（审计管理系统）为例，作为"金审工程"应用系统的两个重要组成部分，它们是密不可分的有机整体。

总体而言，随着我国审计信息化水平和网络化水平的不断提升，已经为构建和应用互联网金融审计信息系统提供了坚实的基础与保障，也为互联网金融审计信息系统纳入审计信息化建设形成有效助力。

第五节　互联网金融审计信息系统及其设计

一、互联网金融审计信息系统的内涵

互联网金融审计信息系统是利用计算机硬件、计算机软件和网络通信设备，实时、动态、全面地采集、加工和分析金融大数据（包括直接类数据、间接类数据），为金融审计人员持续提供互联网金融审计的大数据服务功能（包括大数据计算、大数据分析、大数据展示等）、信息服务功能（审计案例、审计路径、审计线索、审计证据、审计问题等信息的查找与借鉴）和审计实施功能（智能导航与定位、自动审计、审计台账和审计报告自动生成等）的集成化人机系统。互联网金融审计信息系统主要由金融审计人员、通信网络、互联网金融审计大数据平台和互联网金融审计应用系统共同组成。

二、互联网金融审计信息系统的主要功能

互联网金融审计信息系统是一个复合性系统，从其大数据特性、系统构成和应用特点来看，它是数据处理系统、管理信息系统、决策支持系统、专家系统的集合体。该系统的主要特点包括大数据服务的自动化、信息服务的智能化、审计实施的导航化。互联网金融审计信息系统能提供的主要功能如图 3-1 所示。

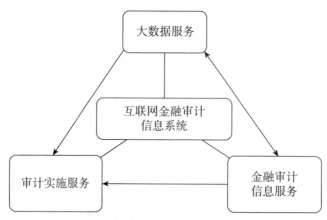

图 3-1　互联网金融审计信息系统能提供的主要功能

互联网金融审计信息系统主要通过计算机技术、网络通信技术，用联网方式采集和获取被审计单位的财务数据、业务数据和管理数据等，同时获取与金融审计紧密关联的公安、司法、税务、行业数据关联构建金融大数据信息库。在审计用户通过审计终端（PC 或移动端）发起审计信息及审计数据、审计线索或审计问题、审计法规等查询时，金融大数据信息库会向审计用户提供自动化、快捷

性服务。

同时，互联网金融审计信息系统中将利用语义分析技术、相似度计算、数据挖掘技术，将各类审计信息和审计成果转化为审计专家经验与审计经验模型（包括审计案例、审计法规、审计方法、审计规则、审计问题、审计线索和审计路径等），从而为审计用户提供审计专业人员的审计经验支持。

以审计问题查询为例。当审计用户端发起审计问题查询时，互联网金融审计信息系统会通过语义分析技术、相似度计算方法，对发起的审计问题与近似审计案例库中的审计问题信息数据进行自动匹配和案例映射，提供和展示关联度高的审计案例以及关联审计问题，同时还可以查询到与审计问题所关联的审计法规条款。

互联网金融审计的智能化服务路径如图 3-2 所示。

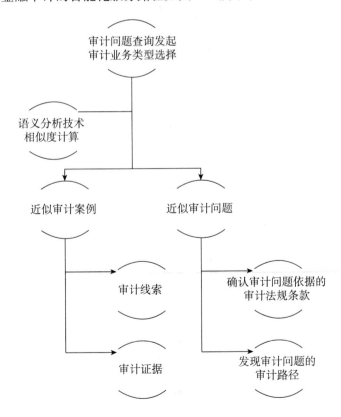

图 3-2　互联网金融审计的智能化服务路径

三、互联网金融审计信息系统的设计原则

互联网金融审计信息系统的设计原则应满足以下几点。

（一）技术的领先性和稳定性要求

互联网金融审计信息系统应基于国内外先进的技术架构进行构建。同时，要充分考虑该信息系统在实施和投入运营后的一段时间内，应确保其系统和技术的先进性与领先性，以及信息系统的稳定运行状态，实现低故障率的不间断持续运行，以便充分满足今后互联网金融审计业务不断增多和审计业务范围不断拓展的需要。

（二）系统的开放性与扩展性要求

互联网金融审计信息系统将涉及与多个外部数据系统、内部不同业务系统和数据库之间的相互调用与信息共享，故该系统应在安全性的前提下，允许兼容诸多不同的计算机硬件设备和不同的系统软件、应用软件。

互联网金融审计信息系统还应充分考虑到未来审计用户数量的不断扩大和业务访问量的急剧扩增，做好扩容的预案和应急工作。同时，当系统容量增大时，应具有自动分配足够的资源以应对剧烈变化的机制。所以，在互联网金融审计信息系统的设计和实现时，应做到能够根据用户的需求灵活地增减资源的使用和配置。

（三）系统的标准化与可集成性要求

互联网金融审计信息系统所采用的软件平台和技术应遵循计算机领域通用的国际或行业标准。同时，互联网金融审计信息系统应通过一定标准和方式的接口，调用和集成内部子系统、外部系统的数据库与功能，从而实现系统之间、系统内部的合理连接和资源共享，确保整体业务流的高效运转。

（四）系统的可管理性和高效性要求

互联网金融审计信息系统应满足可管理性要求，即在系统部署时应利用规范化、标准化、兼容性的技术和产品来提升系统的可靠性，降低系统的使用、部署、运营和维护费用。同时，在信息系统的可靠性监测方面，使用以网络远程监测为主、现场监测为辅的方式，提升监测效率和管理效率。另外，互联网金融审计信息系统应在服务器设置、运行效率、响应速度、数据库结构设计和算法等方面进行优化配置，提升信息系统运行的效率。

（五）系统的安全性和持续性要求

互联网金融审计信息系统由于涉及海量的金融大数据，以及多个子数据库，同时与多个外部系统进行连接，因此，系统的安全性是互联网金融审计信息系统必须考虑的首要问题。互联网金融审计信息系统应采用加密技术、安全认证技术、权限技术和反病毒技术等来全面加强系统安全与数据安全。同时，互联网金融审计信息系统应充分考虑系统升级、停机检测等情况，做好持续性运行的预案，避免因系统运行间断导致审计实施过程的中断和审计数据的丢失与泄露。

（六）系统的友好性和可操作性要求

互联网金融审计信息系统应充分考虑审计用户的使用习惯和操作流程，考虑系统的友好性和可操作性，包括功能界面友好、系统结构友好和操作流程友好。

四、互联网金融审计信息系统的总体架构设计

基于前文的分析，结合金融审计的实际工作和信息管理系统理论，借鉴相关学者的研究成果，依据"源数据＋基础数据库—数据应用和审计功能应用—数据应用展示"的三层逻辑，构建出互联网金融审计信息系统的总体架构。

互联网金融审计信息系统总体架构设计有三层，具体说明如下。

（一）第一层级：金融审计大数据信息层

该层级包括金融审计源数据层、缓冲数据层和金融大数据信息库层。

源数据层主要从外部获取各类金融大数据，包括金融数据、工商数据、税务数据、社保数据、司法数据、投资关系数据、审计系统数据和外部关联数据等。

缓冲数据层利用数据转移和加载工具，对金融源数据进行清洗、加工和预处理，形成缓冲数据。

金融大数据信息库对缓冲数据进行归集分类、规律性总结，形成金融审计专家经验库和互联网金融审计信息库，从而为审计应用系统和功能调用提供基础数据。

（二）第二层级：互联网金融审计应用系统层

该层级包括互联网金融审计管理系统、审计分析服务器层级。

互联网金融审计信息系统的管理系统主要包括风险预警管理、审计数据管理、审计模型管理、审计分析实施、审计抽样实施、审计报告管理等六个子系统。

风险预警管理系统是向审计用户或系统提供使用互联网金融审计规则对审计对象的业务信息流、资金流、商流和物流进行规则与路径判断，并由系统针对异常数据、异常路径、异常信息进行预警的子系统。

审计数据管理系统是向审计用户提供对审计专家经验库、互联网金融审计信息库中的相关信息数据进行逻辑分类、收藏、追踪，为审计线索和审计证据的发现与确认提供数据支持的子系统。

审计模型管理系统是向审计用户提供对不同审计业务创建的审计模型和审计方法进行修订、保存和管理的子系统。

审计分析实施系统是向审计用户提供审计业务发起，包括账表分析、数据分析功能的子系统。

审计抽样实施系统是向审计用户提供审计业务抽样管理、抽样向导、现场审核和评价向导功能的子系统。

审计报告管理系统是向审计用户提供审计日志编写、审计证据确认、审计底稿编写、审计报告生成和审计台账形成功能的子系统。

审计分析服务器为互联网金融审计信息系统的中间层，该层的主要目的是实现业务逻辑，在系统中为审计用户和底层数据库起到承上启下的桥梁与中间传输作用。当审计用户通过审计应用系统发起审计业务请求时，由审计分析服务器接受请求并对请求进行分析，将请求提交至后台金融大数据库，并将金融大数据库的处理结果和响应反馈回审计用户端。

（三）第三层级：互联网金融审计信息报告应用层

该层级主要是基于互联网金融审计的实施过程，对金融大数据信息进行分析，自动生成或人工发起生成的各类审计报告成果，包括审计实施类、项目管理类、审计风险预警、持续监测类、异常数据监测类、审计线索跟踪类、审计问题分析类等审计报告。审计信息报告成果体现了金融大数据与审计过程的有机结合，是审计工作的终点，也是新的审计工作的起点。

五、互联网金融信息系统的其他设计

（一）信息系统的网络与安全设计

互联网金融审计信息系统的网络拓扑结构如图 3-3 所示。

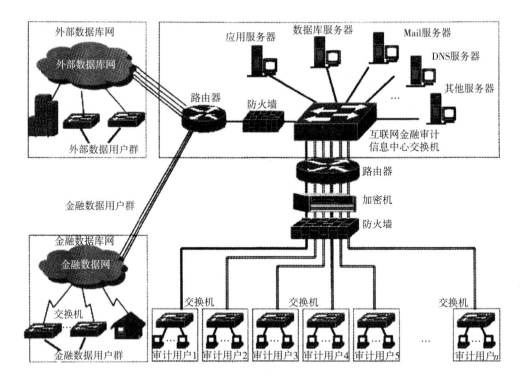

图 3-3 互联网金融审计信息系统的网络拓扑结构

在设计中除了考虑互联网金融审计信息系统的网络与安全性，还须考虑以下两个方面的问题。

一是互联网金融审计信息系统的组网应基于国家审计工程的内网平台，实现审计用户端与被审计对象端的连接，以确保互联网金融大数据和审计数据传输的安全。

二是在金融大数据信息库与审计分析服务器之间应增加金融数据库透明网关，以便与国家审计信息中心的数据库服务器之间进行基础数据的共用和交叉。

（二）信息系统的数据视图设计

互联网金融涉及金融机构和非金融机构，涉及不同领域的金融业务，金融机构的业务系统具有不同的业务逻辑。在进行互联网金融审计信息系统构架设计时，既要审计数据库结构的接口标准和统一规范，还要充分考虑不同金融机构和不同金融业务的数据库原型逻辑。因此，可以采用数据视图设计方法，即将审计对象的原始数据库完整映射克隆至金融大数据信息库中，构建起基于审计对象数据库及数据流的数据库视图，构建起字段映射关系，从而便于进行数据库及数据的分析。

第四章

互联网金融审计的应用技术、实施与审计风险

第一节　互联网金融审计的应用技术与实施

一、互联网金融审计的主要应用技术

互联网金融审计具有明显的大数据特征，实施互联网金融审计离不开大数据，而审计数据的获取则需要相关技术的支持。除关联的外部数据库外，互联网金融审计数据还需要从互联网上进行相关信息挖掘，以获取重要的关键信息和辅助信息。

互联网上的信息是以超文本方式存在和流转的。对于互联网信息的数据挖掘，其实质是通过各种转换，将非结构化文本数据转换为结构化的数值数据，然后利用已成熟化的结构化数据挖掘方法进行深入分析。其中主要的应用技术有以下几种。

（一）联机分析处理与审计智能化技术

1. 联机分析处理技术

1993 年，"关系数据之父"爱德华·库德（E.F.Codd）提出了联机分析处理（On-line Analytical Processing, OLAP）的概念，同时还提出了 OLAP 的 12 条准则。OLAP 的目标是满足决策支持或多维环境特定的复杂查询和多视角报表需求，其

技术核心是"维"，故 OLAP 也可视为多维数据分析工具的集合。

OLAP 是一种能够满足针对特定问题的联机数据访问和数据快速分析的软件技术，联机分析技术的实现是在多维信息的共享基础上，通过对信息和数据多视角实施快速、稳定与交互性的存取，并允许管理决策人员对数据进行深入分析。OLAP 支持复杂的分析操作，具有灵活、高效的分析能力，直观的数据操作和可视化分析结果等突出优点，侧重于对决策人员和高层管理人员提供多维数据的、高效的决策支持。OLAP 可用于证实预设的复杂假设，以图表形式对分析信息结果进行展示，但并不标注异常信息，属于知识证实的方法。

我国有学者认为，应基于银行业数据大集中，以及构建数据库、OLAP 分析和数据挖掘技术的发展与应用状态，构建审计决策支持系统的解决方案。他们将 OLAP 技术应用于银行不良贷款问题的审计方面，即基于银行贷款数据库，利用 OLAP 技术对贷款数据库进行贷款质量、贷款利息收入、贷款指标等多维度的分析，寻找出审计要点。

2. 审计智能化技术

智能审计是智能技术与财务审计的有机结合，是计算机审计的发展方向。早在 1987 年，美国执业会计师协会发表了"人工智能与专家系统简介"，将人工智能引入了会计审计领域。随着互联网技术的创新及 OLAP 技术在审计中的应用，现代审计信息系统的构建逐渐向智能化方向发展，而智能化审计的基础和重点是审计数据的处理与信息提取。学术界和审计专业人员针对审计的智能化方向和审计数据挖掘技术纷纷进行了持续研究，并提出了诸多建议和技术方法。

在智能审计的概念研究方面，阳杰、黄昌勇（2008）提出了智能审计的概念，认为智能审计是以会计信息化全通用理论、信息技术（会计核算软件数据接口）和相关国家标准与社会对账作为理论依据，以会审软件、数据导入、社会对账和智能审计为核心要素，利用现有会审软件有效保证注册会计师的独立性与主动性。

智能审计的智能性主要体现在：除会计信息系统的科目编码、期初余额和记账凭证三大类基础数据外，须结合社会对账系统和网上估价系统的数据，来共同实现对内外审计数据的深度挖掘，从而确保审计数据的全面性和完整性，进而大幅度提升信息化的效率和效果。

在智能审计的构成方面，学者李立成提出，智能审计决策系统（Intelligence Audit Decision Support System，IADSS）通常可称为智能审计系统，是在传统审计决策系统（Audit Support System，ADSS）的基础上结合审计专家系统（Audit Expert System，AES）和数据挖掘系统（Data Mining System，DMS）而形成的软件系统。三个系统的结合，可以相互弥补审计系统的智能性差、模型自我学习能力不足和变量解释性差等问题，进而有效提升了审计系统的智能性。曹顺良、宋静和李荣等人也提出，智能审计是利用各种数据分析方法对审计数据进行充分利用、充分挖掘的方法，其目的是获取更多相关的审计线索和审计证据，及时审计导向和异常信息。借助智能审计技术，可以部分代替审计作业的人工作业，降低审计工作的强度，提高审计工作的准确性。

在审计路径的智能化研究方面，张懿婷提出了智能审计路径的概念。她提出，针对审计人员所面临的审计业务的复杂性和处理的复杂性分析，在审计信息系统中应基于成熟的审计专业经验，预设出相关审计路径，模拟人工智能经验，以程序和模型的形式固定下来，明确审计的每一步流程、算法、指标和评分机制，并向审计人员提交审计成果的经验和导航方向，最终实现审计路径的流程智能化、数据智能化和数据标准智能化，从而大幅提升审计人员的工作效率。

在审计平台系统的构建研究方面，宋静提出了一个基于风险管理的智能审计系统架构。该系统架构主要是基于审计理论、风险管理、计算机科学等方面的理论和技术，通过整合数据挖掘的数据分析功能、审计决策支持系统的辅助决策能力和审计专家系统的非结构性问题的解决能力等多种技术和知识，对财务、审计及计算机等多学科进行综合应用。宋静认为，智能审计系统是一种交叉学科的整合创新。王欢、许暖、沈波则认为，审计平台是信息安全管理工作的基础运营和维护平台，随着企业业务系统的不断增多，业务逻辑日益复杂，各类审计数据呈几何级别的增长，传统的审计平台在面对大数据时已经无法满足审计要求，应采用大数据分析技术，选择企业级搜索应用服务器和基于大数据分布式服务技术重构传统的审计平台，从技术框架对审计平台进行优化，解决因审计访问量剧增、审计日志基数过大而导致的审计报表分析导出过慢等问题，从而提高审计日志的搜索性能、加快审计报表的生成速度和减轻数据库的运行压力，进而有效地提升审计工作效率。

综上所述，智能审计模式产生于信息化下的审计环境，是基于审计目标的实现而采用的一种信息化审计模式。其核心要素包括审计软件、内外部数据的导入、社会对账（评估系统），通过应用数据挖掘技术、OLAP 技术，形成抽象化、典型化的理论图式或审计模型，从而有效地提升审计效率和实现全局审计、详细审计、持续审计。另外，现有商业银行均已构建了自身的数据库，实现了金融数据的大集中管理，形成了数据集成平台，为金融审计系统的智能化构建提供了重要基础。

（二）审计大数据的采集与处理技术

1. 大数据的类型与存储

在互联网时代和大数据时代，存在大量的结构化数据、非结构化数据和半结构化数据。其中，结构化数据是基于数字或文字描述的内容，也被称为行数据，是可以用二维表结构来进行逻辑表达和实现的数据；非结构化数据是数据结构不规则或不完整、没有预定义的数据模型、不方便用数据库二维逻辑来表现的数据，如各类图像、音频、视频等；半结构化数据是介于结构化和非结构化数据之间的数据，如 XML 文档。多数大数据之间具有极为复杂的非线性、网络化、多向性的关联性，从而形成了大数据网。对这些多维、复杂性数据的采集、处理和挖掘，也是现代大数据挖掘的重要研究课题。

对于网页内容、电子邮件、网站论坛及贴吧、社交软件聊天记录等半结构化数据及文本信息，主要使用自然语言处理技术进行处理；而对于图像、语音、视频等多媒体类非结构化数据，则主要使用深度学习、大规模计算机学习等相关技术进行数据解读。

在数据存储模式方面，已由传统的关系数据库模式逐步向云化、分布式的新型存储技术发展。新型存储技术的作用与价值是可以实现自动调配上万台服务器的协同工作，从而实现高性能、高可靠的数据存储任务，为大数据的挖掘和应用创造了坚实的基础。

2.大数据的采集与处理

对于大数据的处理，通常包括以下几个节点，每个节点都需要依托不同的技术工具，是一个极为复杂的过程。

（1）大数据采集与获取。大数据技术已开始应用于现代审计中。审计大数据的采集，要求实现与审计客体、审计对象相关的全量数据采集，采集方式应以自动化采集为主，并注重数据之间的关联关系和映射关系。从类型而言，除结构化数据以外，审计大数据还应涵盖机构组织及个人的社交关系数据、个人行为数据、通信数据、网络行为数据、舆情数据等。除了传统的计算机系统采集、数据库采集方式外，还可使用软件开发工具包、网络爬虫等软件，采集移动终端、互联网中的非结构化的网络信息、图片信息、音频影像信息等。

大数据采集需要利用多个数据库来接收发自多个不同客户端（Web、App或传感器形式等）的数据，并且用户可以通过这些数据库来进行简单的查询和处理工作。

其难点主要在于：①需要有针对海量、异构数据库系统的支撑，解决异构系统间的联系和相互协调；②如何进行数据库间的负载均衡和分片，以及如何部署合理量级的数据库，应对海量的并发访问压力；③大数据的获取并非均能通过计算机自动获取，因而同样需要大量的人工去进行数据发现、数据预分析和数据整理，工作量极大。

（2）大数据预处理和存储。大数据预处理和存储是基于大数据的特性、类型、规律，根据数据应用的目的对大数据进行分类、归集、清洗和加工，统一纳入存储系统，为数据应用做好基础数据准备。

其难点主要在于：①需要预处理的数据不但种类复杂，且流量、流速极大，每秒导入量会达到千兆级别；②对于海量数据的存储，需要多种类的数据库，而如何确定纳入不同数据库的分类规则和存储规则非常复杂；③如何将人的主观经验融入数据处理和模型分析中，实现对模型的智能化训练，具有极强的挑战性。

（3）大数据搜索和统计。大数据经过预处理后，会集中导入大型分布式数据库（或分布式存储集群）。在此阶段，将利用分布式技术对预处理后的数据进行逻辑层次的查询、分类和汇总，满足主要分析需求。

其难点主要在于：①如何将检索关键字（词）分类和规范化，以满足大数据搜索时与数据库中的大数据信息的准确定位和映射；②在发起检索时，不同分布式计算集群、分布式数据库之间需要进行海量数据的内部筛选、搜索、分类和整合，实现数据抽取、计算效率、路径搜索、信息反馈的最优化方案是非常复杂的。

（4）大数据挖掘与知识挖掘。目前，在业界应用最广泛的大数据挖掘技术是基于 Map-Reduce 原理的主流方案 Hadoop。另外，在 Map-Reduce 的基础上，一些国际知名公司和大学也提出了新的流式计算技术。一些新技术，如数据挖掘技术的专业化发展，为大数据的深度应用奠定了基础。

大数据的知识挖掘是基于不同的应用需求和目的，利用数据挖掘算法对数据库中的已处理数据进行多维度、多层级、立体化的知识与价值提取。

其难点主要在于：①知识挖掘过程中应采取哪些更优的算法和规则，以有效获取具有真正价值的数据结果；②如何在非定向主题下，应对海量数据的多维度计算，以提升数据计算效率和反馈效率。

（5）大数据统计与分析结果展现。数据统计也称为商业智能（Business Intelligence，BI），是大数据应用的最直接形式。数据统计要利用各种数据分析方法、分析模型和分析工具，在海量数据中构建模型并寻找数据类型之间、数据点之间、数据网络之间的潜在关系，得出多维度的数据分析结果和报告（如文档、图表、视频等）。数据用户通过分析和观察结果数据、数据报告来探究企业或其他机构的运营状态、营销绩效、风险变动、消费者及客户反应等，以发现主要问题，并据其调整经营重点、运营目标、管理策略等。

随着互联网技术、信息科学技术、大数据技术的发展，数据统计技术也同步发展，数据报告的生成速度越来越快，报告生成的时频相应缩短，报告分析的维度也越来越细致和复杂化，从而使得大数据统计与分析报告的刻画能力随之增强。

大数据统计与分析结果的展现方式将更为丰富化、多样化，不但可以实现类似着色图、气泡图、网络图、簇形图、时间轴图、柱图、饼图、折线图、雷达图等传统常规图表，还可以实现太阳辐射图、日历热图、弦图等非常规图和个性化图表。另外，大数据分析结果展现还将包括分析结果的智能化组合、图表之间的联动和钻取界面通过调整自定义布局，图、表之间支持联动和数据的多维钻取、正向和反向钻取。

（三）可视化技术与数据可视化

大数据分析的目的，在于对海量数据进行分布式数据挖掘等专业化处理后，得出具有价值的大数据分析结果。如何能清晰、有效地表达数据特点、数据规律、数据发现，为数据使用者提供有高度价值的信息是非常重要的。针对以上问题，可以基于大数据的特点、种类、内在规律，运用计算机技术，用数据可视化技术来解决。

可视化技术可以划分为体可视化技术和信息可视化技术。其中，体可视化技术是空间数据场的可视化，如科学计算数据、工程数据和测量数据的可视化；信息可视化技术则是指非空间数据的可视化，其数据显示主要为多维的标题数据、重点分析数据的维度和关联关系。数据可视化技术具有可视性、多维性和交互性的特点。

可视化技术不仅可应用于数据挖掘过程中，也可以用于数据分析结果中。数据可视化可以针对数据库、数据仓库中的数据以可视化方式（如三维立方体、曲线、球面等）进行描述，为数据用户提供清晰的数据入口和切入方向；数据挖掘结果可视化则可以将数据挖掘后得到的结果以可视化形式展现出来（如决策树、关联规则、概化规则等），为数据用户提供明了的数据分析结果。

二、互联网金融审计的实施流程与实施方法

（一）互联网金融审计的实施流程

传统意义上的金融审计流程是指审计人员在对审计对象的金融业务、金融服务和金融业务流程的具体审计过程中所采取的行动与步骤。互联网金融审计的实施流程是指审计人员对互联网金融参与主体所从事的各互联网金融模式及业态中的金融产品、金融服务和金融流程等，采取的审计行动和审计流程。

互联网金融审计的实施流程包括审计准备、审计实施和审计终结三个阶段，每个阶段又包括相应的子流程以及具体步骤、具体方法，如图4-1所示。

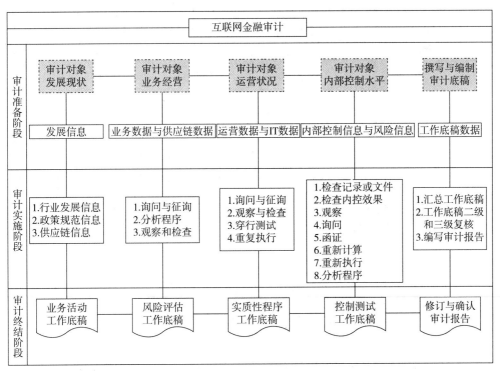

图4-1　互联网金融审计的实施流程

（二）互联网金融审计中的线索发现与离群点分析

互联网金融审计的实施思路是通过对互联网金融机构、互联网金融业务和运营、产品与服务的各类海量数据及关联数据进行收集及整理，并在海量的结构化、非结构化和半结构化等类型电子数据基础之上，分析审计线索与线索特征，从审计线索特征中寻找离群点和孤立点，从而准确、及时地获取审计证据，使得审计实施实现资源聚焦和重点发现，提升审计的总体效率和准确度。

在具有显著信息性、风险性和复杂性的互联网金融各业务模式中，会产生海量的金融数据及关联数据，从这些数据中提取符合审计条件的有用数据及信息证据，即审计线索特征，这种技术也被称为基于审计中间表的知识发现（Knowledge Discovery in Database，KDD）技术。随着审计技术的不断发展和实践，结合互联网金融业态和模式的特点，查找和获取海量互联网金融非结构化数据中的审计线索特征，将主要使用数据挖掘技术、征兆发现技术、探索性数据分析方法、非结构化数据处理方法等。

对互联网金融海量数据实施审计，发现审计线索特征的主要工作如下。

一是审计线索的特征枚举，即在审计实施前或实施过程中，基于审计经验和专家知识尽可能列举出被审计对象中可能出现的特征表现及可能情况。

二是审计线索的特征捕捉，即利用数据库查询技术、技术分析方法、模型算法对电子数据或相关数据的留痕路径、留痕规则、关联关系网络进行回溯追踪。

三是审计线索的特征分析，即在审计线索的特征枚举和特征捕捉基础之上，对符合特征表现的数据进行离群点或孤立点分析。

互联网金融审计线索特征发现流程如图 4-2 所示。

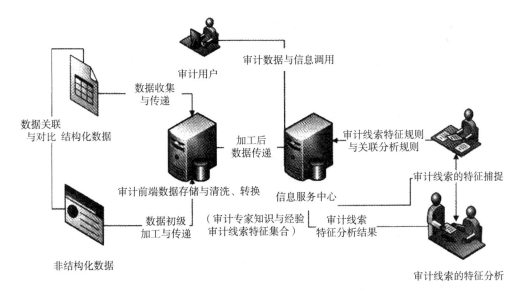

图 4-2 互联网金融审计线索特征发现流程

通过对构建互联网金融海量数据的线索特征进行分析后，即需要寻找异于正常数据规律或规则的数据——离群点或孤立点数据，从而及时发现审计线索、提示审计问题和发现审计证据。

离群点形成的原因是多方面的，可能包括人为操作误差、信息造假或欺诈、数据采集质量低、噪声数据本身、关联性数据偏差或极个性化数据、计算机系统与数据的自身原因等，从而导致其与其他类别数据的特征不同，或者说和其他数据、数据群的关联性极差，无法构建起有效关联关系和逻辑关系。

由于发现的离群点数据特性不同于其他数据群，故无法使用常规数据处理方法对其进行检测。在审计实践中，可以设计特殊的离群点算法，采取例外挖掘、偏差分析等统计方法或技术对其进行特殊聚类处理与分析。离群点分析技术方法见表4-1。

表 4-1　离群点分析技术方法

离群点分析方法类型	主要方法
统计技术与方法	回归分析法、判别分析法、方差分析法、相关性分析法、神经网络、时间序列法和时间平滑法等
距离与偏差分析方法	依据被审计数据对象与多数数据点和数据群平均距离阈值之间的距离，距离过大的数据点则存在离群嫌疑。 另外，可以根据被审计对象与电子留痕数据的一般性数据规律和关系规律之间的差异，判定是否为离群点
聚类分析方法	依据被审计数据对象的属性和一般性，可将被审计数据对象划分为多个类型或簇别，从中查找有异于类或簇中的数据点，从而判定其是否具有离群特性

在互联网金融审计中，利用离群点分析方法的具体流程可划分为离群点预处理阶段、离群点检测阶段和离群点分析阶段。

在离群点预处理阶段，需要对审计对象与审计范围进行确认，获取和采集被审计数据及关联数据，形成审计源数据；同时，审计主体根据审计事项的特点确定选择相应的审计规则。

在离群点检测阶段，需要利用离群数据分析技术方法，基于审计规则库与离群点规则库对审计源数据进行数据的筛选、清洗，并将初步符合离群数据特征的数据集纳入数据库。

在离群点分析阶段，将已纳入离群数据库的数据集进行再次判定和专业性分析，筛选出真正的离群数据，并对离群数据进行确认和归集，从而发现审计线索和可支持的审计证据。

第二节　互联网金融审计风险与审计模式分析

一、审计风险的类型与内涵

传统的审计风险是指由于审计对象的会计报表中可能存在的重大错报或漏报，导致审计人员在实施审计后发表不恰当审计意见的可能性。审计风险主要包括固有风险、控制风险和检查风险等，且审计风险 = 固有风险 × 控制风险 × 检查风险。具体见表 4-2 所示。

表 4-2　审计风险的类型及其内涵

审计风险的类型	内涵
固有风险	固有风险是指假定不存在相关内部控制时，某一账户或交易类别单独或连同其他账户、交易类别产生重大错报或漏报的可能性。审计人员可以对固有风险进行评估，但一般无法改变固有风险水平
控制风险	控制风险是指某一账户或交易类别单独或连同其他账户、交易类别产生错报或漏报，而未被企业内部控制机制及时发现、控制或纠偏的可能性。审计人员可以通过相应程序对控制风险所处水平进行评估，但一般无法改变其实际水平
检查风险	检查风险是指某一账户或交易类别单独或连同其他账户、交易类别产生重大错报或漏报，而未能被实质性测试发现的可能性。审计人员可以通过设计的实质性测试程序改变检查风险水平

二、互联网金融审计风险的成因

随着我国金融体制的改革和金融机构信息系统的普遍应用，金融审计的思路和方式发生了重大的转变。随着新的审计方法的推进，现代信息技术在金融审计过程中被广泛应用，审计监督在宏观经济运行和金融机构内部管理中的作用日渐突出。然而，金融审计的现实风险与潜在风险也随之产生，并引起广泛关注。在总结经验及教训的基础上，揭示金融审计风险的表现形式，分析风险产生的原因，研究金融风险的防范对策，对有效地规避金融审计风险、提高审计水平具有重要的借鉴意义。

金融审计风险与一般审计风险既有相同之处，也有其独特的表现形式。针对具有现代信息技术和金融双重属性的互联网金融实施审计时，审计主体机构和审计专业人员同样面临着巨大的审计风险。

由于互联网金融审计具有明显的大数据特性，在实施审计时，互联网金融审计风险的成因主要源自审计数据、审计模型、审计算法和审计规则等方面产生的风险。

一是审计数据原因。互联网金融审计实施的基础是金融大数据，金融数据源的准确性和及时性将直接影响审计数据质量。针对审计客体的外部关联性数据，应建立起信息数据及数据库、数据库语言、数据结构、数据字典的标准或规范性标准，降低非规范性的数据噪声；从大数据分析技术角度，克服和降低数据噪声影响，定量化和定性化并举，使审计作业实施时能够准确寻找数据信息之间的关联性。

二是审计模型原因。在互联网金融审计模型的硬件和软件配置方面，要充分做好人力资源和技术资源倾斜。审计模型构建过程中，要充分做好对模型稳定性和可靠性的敏感性测试与压力测试；另外，对审计模型所产生的过程数据、结果数据应设计好相应的存储机制，避免因模型的不稳定而出现数据丢失的情况。

三是审计算法原因。针对大数据之间的映射关系、关联关系、网络关系计算，以及审计模型使用的各类函数算法，应做好不同算法的拟合度比较，寻找出拟合度最优的算法。

四是审计规则原因。审计规则应包括数据质量规则、数据处理规则、审计预警规则、审计判定规则、审计追踪规则等。审计规则将直接决定审计模型的有用性、审计数据结果的价值性、审计算法的科学性。审计规则的建立，应利用定性方法和定量方法进行合理确定。

三、互联网金融审计风险的类型及其防范

互联网金融审计风险模式一般分为重大错报风险和审计检查风险。

（一）互联网金融审计中的重大错报风险及其防范

由于互联网金融生态处于复杂的金融生态环境中，受到生态内部、外部多种风险因素和环境因素的非线性作用。同时，互联网金融生态中的金融参与主体高度依赖现代信息技术系统和互联网平台运营，并在金融服务、金融产品和金融流程中广泛运用了远程技术、大数据技术、云计算技术等，产生了海量金融数据和信息，使之成为典型的"知识价值型组织"。互联网金融这种新型组织不但具有复杂的金融风险，而且具有现代科技特有的信息系统风险、互联网风险、信息

安全风险等。而互联网金融生态所处的经济环境、金融环境、法律环境、信息技术环境等变化，会直接或间接影响互联网金融机构的经营伦理、价值理念和经营行为等，这种影响结果会直接体现在其财务报表及运营绩效中，并使得互联网金融机构的财务经营报表在被审计前存在重大错报的可能性，即重大错报风险。重大错报风险主要包括虚假财务报表引发的错报风险，以及因有缺陷的会计核算和技术方法、企业治理结构的不当变动、企业战略失败或管理出现重大失误等原因导致的错报风险。

为有效防范重大错报风险，审计主体需要及时和充分了解互联网金融的相关监管政策，关注互联网金融机构是否有效构建了内部控制制度，观察其企业治理的适当性、内部控制的合理性、风险管理的覆盖度、金融流程及金融业务的合规性、资金账户的安全性等，从而从总体上把握互联网金融机构的风险以及对财务报表有可能产生的影响。另外，审计主体可充分利用互联网金融机构的内部审计资源及其他评估资料，获取相关审计工作底稿和审计报告，从中获取风险评估的重点和依据以及审计证据，从而采取更为合适的测试程序。

（二）互联网金融审计中的审计检查风险及其防范

相对于传统金融而言，互联网金融属于新生事物，其业务和业态模式发展具有交叉性、多元化和复杂化的趋势，是金融、计算机、互联网、人工智能、数理统计、管理学等学科的综合体，具有高度的知识性和创新性特点，对审计人员的专业性、技术性提出了更高的要求，需要审计人员具有复合审计能力。

在对互联网金融实施审计的过程中，因审计人员的审计意识、审计专业水平、审计技能和审计程序方法等存在欠缺或不足，而未能及时发现审计客体中已存在的问题或错误，会导致审计检查风险。另外，由于审计理论、审计依据、审计模式方面的缺陷，也会导致审计检查风险。

对于审计人员而言，将现代风险导向审计理论引入互联网金融审计中，以风险因素作为切入点，需要不断提升互联网金融的知识水平及相关专业能力，采取更为科学、先进的审计模式和方法，从而及时发现风险与问题，将审计检查风险降至可接受的水平。

另外，审计机构可以构建互联网金融审计信息中心，提升互联网金融审计的自动化、数据化和专业化水平，减少人为原因产生的审计检查风险。另外，需要审计机构根据互联网金融不同的业态特点、机构特点来确定对应的、适当的审计程序，安排适合的审计资源进行审计实施，从而达到降低审计风险的目的。

四、基于风险导向模式的互联网金融审计

风险导向审计是适应高度风险社会和现代审计发展的必然产物，是现代审计的最新发展。风险导向审计能够促使审计人员更全面地了解审计对象，更为科学、合理地确定审计事项的重要性水平，快速制定审计策略和审计目标，确定审计资源的配置方案，运用信息化、数据式的审计风险模型，从而有效提升审计效率。

风险导向审计模式最突出的特点是将审计对象放置于宏观经济网络中，从审计对象所处的经营方式、管理机制和行业环境等方面来进行审计风险的评估。风险导向审计是在审计实施的过程中，审计人员以风险考虑为审计起点、以风险分析评估为导向，根据量化的风险分析水平确定审计项目的优先次序，依据风险确定审计范围与重点，对审计对象的风险管理、内部控制和治理程序进行综合评价，进而提出建设性意见和建议，协助审计对象实现更为良好的风险管理效果和增值的审计活动。

互联网金融处于复杂的金融生态中，兼有现代信息技术和金融业的双重特点，其各业态模式不仅面临传统金融业的风险，还有因互联网信息技术特性而引发的技术风险、安全风险和虚拟金融服务产生的操作风险、信用风险等。对于互联网金融的审计，应基于风险导向性思维，从互联网金融企业的资产充足率、资产质量和流动性等风险指标的跟踪监测，到互联网金融企业财务报表及关联数据的审计，以及互联网金融行业的信用风险、技术安全风险、消费者权益保护等方面综合进行。

总之，风险导向审计具有很多与传统审计模式不同的特性，是互联网金融审计的有效工具。以风险导向审计理论作为互联网金融审计的重要思路，必将对构建和完善我国互联网金融审计体系起到积极和重要的作用。

Reference
参考文献

[1] 鲍秀芝，王进，杜磊 . 财务管理与审计统计分析研究 [M]. 长春：吉林科学技术出版社，
   2022.

[2] 曹源芳 . 互联网金融风险的动力学演化与审计治理研究 [M]. 北京：中国财经出版传媒
   集团，2021.

[3] 崔改，姜小花，刘玉松 . 企业财务管理与内部审计研究 [M]. 北京：中国商业出版社，
   2022.

[4] 张书玲，肖顺松，冯燕梁 . 现代财务管理与审计 [M]. 天津：天津出版传媒集团，2021.

[5] 江世银 . 当代中国金融审计研究（1983—2018）[M]. 北京：人民出版社，2019.

[6] 张丽，赵建华，李国栋 . 财务会计与审计管理 [M]. 北京：经济日报出版社，2019.

[7] 梁力军 . 互联网金融审计：新科技—新金融—新审计 [M]. 北京：北京理工大学出版社，
   2017.

[8] 巫红丽 . 基于云审计的互联网新零售企业审计风险防范研究 [J]. 财会通讯，2022（19）：
   125-130.

[9] 柴云芳 . 新时期烟草企业财务管理问题探究 [J]. 行政事业资产与财务，2022（18）：
   96-98.

[10] 吴杨森 . 大数据背景下新型研发机构财务管理策略研究 [J]. 现代审计与会计，2022
   （10）：27-29.

[11] 张铭涵，刘研华 . 大数据背景下财务管理智能化转型探究 [J]. 中国集体经济，2022
   （27）：148-150.

[12] 闫安 . 会计新制度下财务管理工作创新的思考与实践 [J]. 中国集体经济，2022（27）：
   163-165.

[13] 姜丽.大数据技术在企业财务管理中的影响和运用 [J]. 商场现代化，2022（17）：156-158.

[14] 蔡杭明.互联网企业并购中审计风险识别与控制研究 [D]. 昆明：云南财经大学，2022.

[15] 杨利华，贾非凡.互联网金融风险的审计治理研究 [J]. 焦作大学学报，2022，36（02）：55-61.

[16] 赵晓艳.互联网发展、制度环境与审计整改质量 [D]. 太原：山西财经大学，2022.

[17] 余春先.互联网金融业务审计风险及对策探讨 [J]. 全国流通经济，2022（06）：138-140.

[18] 刘文静，荣庆娇，王渊.大数据时代互联网安全审计问题探析 [J]. 审计与理财，2022（02）：50-52.

[19] 杜盼盼，任昊源.互联网金融时代商业银行内部审计风险问题研究 [J]. 财政监督，2021（19）：93-97.

[20] 钟丝佳，郑爽.浅谈互联网电子商务企业财报审计风险 [J]. 营销界，2021（39）：78-79.

[21] 熊焰焰.借助"互联网＋"平台推进工会经费审计网络化建设 [J]. 今日财富，2021（18）：169-171.

[22] 常倩."互联网＋"视角下审计人才产教融合培养模式深化的探讨 [J]. 会计师，2021（17）：68-69.

[23] 蒯婷婷，夏雪茹.互联网金融企业内部审计外包分析 [J]. 合作经济与科技，2021（14）：140-141.

[24] 滕春娥.互联网背景下审计档案信息化管理模式探讨 [J]. 财会学习，2021（18）：117-119.

[25] 王垚."互联网＋智慧教育"的安全审计模式分析 [J]. 现代商贸工业，2021，42（20）：92-93.

[26] 廖清.互联网背景下的财务会计管理问题分析 [J]. 纳税，2019，13（12）：66+69.

[27] 许健，俞凯.基于财务共享理念的企业大数据审计 [J]. 今日财富，2018（05）：109-110.